JN296444

食べ物で知る
英語表現百科

鶴岡公幸　牛原琴愛 共著
ギャリー・マームグレン 監修

SANSHUSHA

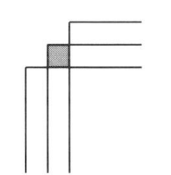

はじめに

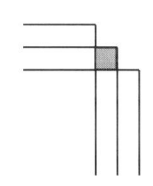

「食は文化なり」といいますが、いつの時代でも"食"は生活の基本であり、その国の文化を反映する最も身近な存在です。食べ物に関連した英語の決まり文句・イディオム表現は実に多彩かつユニークですから、それらを学ぶことは、英語のみならずその背景にある文化を理解するうえでたいへん役に立ちます。

例えば日本ではさわやかさの代表であるlemonは、英語では酸っぱいイメージが強く、「欠陥のある中古車」といったマイナスな意味で比喩的に使われることも多いのです（P.31参照）。「ゴマすり」は"apple-polisher"（リンゴを磨く人）、「飴とムチ」は"carrot and stick"（にんじんとムチ）などのように、日本語と英語では例える食べ物が異なります。

本書の特徴は以下のとおりです。
1. 日常でよく使われるにもかかわらず、学校では習わない英語表現を紹介
2. 重要な決まり文句・イディオム表現にはすべて例文を掲示
3. 英語の解説のみならず、その背景にある"食"に関するカルチャーとクッキングに関する基礎知識も紹介
4. 各テーマで示した食べ物に関する諺、名言、名句も紹介
5. 食べ物に関する和製英語（例：シュークリーム、P.153参照）を指摘し、正しい英語表現を掲示

したがってこの本を一冊読むだけで、食べ物に関する英語表

現のみならず各食べ物の基礎知識を身に付けることが十分可能です。外国人力士がちゃんこの作り方や味を覚えるのと比例して日本語がうまくなると言われるのも、それだけ食べることと言語の習得は密接不可分の関係にあるからと考えてよいでしょう。また食べ物に関する話題は外国人と英語で世間話（small talk）をするうえでとても便利です。

世界的に有名な19世紀のフランスの美食家ブリア・サヴァラン（Brillat Savarin）は、「食卓の快楽はどんな年齢、身分、生まれた国の者にも毎日ある。他のいろいろな快楽に伴うこともできるし、それらすべてがなくても最後まで残ってわれわれを慰めてくれる」と述べています。本書で紹介された例文は、英語の感覚を養うための栄養がたくさん詰まっており、繰り返し咀嚼しながら味わって頂きたいと思っています。

読者の皆さんが、本書を通して英語とその背景にある食文化・料理に興味を持つきっかけになることを願っています。

2006年3月

著者　鶴岡公幸・牛原琴愛

Food is all around us. It is part of life and our language. This wonderful, quirky book explores food in the English language. There are some surprises, laughs and may be a shock or two in this book. Most of these food related expressions can be used in everyday conversations. It is not pie in the sky, but real tasty English. Don't be a chicken. Get this book and learn how to talk turkey.

Gary Marlmgren

Contents
目次

食べ物で知る英語表現百科
◇

はじめに ─────────────────────

❖ Chapter ① 果物で知る英語表現

1　Apple—りんご 12
　2　Banana—バナナ 16
　　3　Cherry—さくらんぼ 19
　　　4　Fig—いちじく 21
　　　　5　Fruit—フルーツ 23
6　Goosebery—グースベリー 26
　7　Grape—ぶどう 28
　　8　Lemon—レモン 31
　　　9　Melon—メロン 33
　　　　10　Orange—オレンジ 35
11　Peach—桃 37
　12　Pear—ペア・洋梨 39
　　13　Pineapple—パイナップル 40
　　　14　Plum—プラム 41
　　　　15　Prune—プルーン 42
16　Raspberry—ラズベリー 43
その他果物に関する表現 ······················ 45

❖ Chapter ② 野菜で知る英語表現

1　Bean—まめ..48
　2　Cabbage—キャベツ 51
　　3　Carrot—にんじん.......................53
　　　4　Corn—とうもろこし 55
　　　　5　Cucumber—きゅうり.......57
6　Ginger—ショウガ 59
　7　Mushroom—マッシュルーム..................60
　　8　Nut—ナッツ 62
　　　9　Oat—オートムギ 66
　　　　10　Onion—玉ねぎ 68
11　Pea—さやえんどう 71
　12　Peanut—ピーナッツ 73
　　13　Pickle—ピクルス 74
　　　14　Potato—じゃがいも 76
　　　　15　Pumpkin—かぼちゃ........78
16　Salad—サラダ 80
　17　Tomato—トマト 82
　　18　Vegetable—野菜 84
その他野菜に関する表現........................87

❖ Chapter ③ 肉で知る英語表現

1　Bacon—ベーコン 90
　2　Beef—牛肉 92
　　3　Chickin—鶏肉 94
　　　4　Duck—かも 98

5　Lamb―子羊の肉.....................100
　6　Meat―肉.............................102
　　7　Mutton―マトン、羊肉 105
　　　8　Pork―豚肉.........................107
　　　　9　Sausage―ソーセージ.............109
　　　　　10　Stew―シチュー..................111
　11　Turkey―七面鳥 113
その他肉に関する表現........................115

❖ Chapter ④ 魚で知る英語表現

1　Fish―魚 118
　　2　Cocktail―カクテル.....................123
　　　3　Crab―かに 125
　　　　4　Clam―ハマグリ 127
　　　　　5　Eel―うなぎ........................129
6　Oyster―牡蠣...............................130
　7　Red herring―薫製ニシン 132
　　　8　Sardine―いわし.......................133
　　　　9　Shark―さめ.........................134
その他魚に関する表現........................135

❖ Chapter ⑤ 玉子と乳製品で知る英語表現

1　Butter―バター 138
　　2　Cheese―チーズ........................141
　　　3　Cream―クリーム 143
　　　　4　Egg―玉子..........................146
　　　　　5　Milk―ミルク 150

目　次　7

6　Yoghurt—ヨーグルト 153

❖ Chapter ⑥ パン・菓子・デザートで知る英語表現

1　Bread—パン 156
　2　Crumb—パン・クッキー・ケーキなどのくず .. 160
　　3　Jam—ジャム 162
　　　4　Biscuit—ビスケット 164
　　　　5　Bun—バン 166
6　Cake—ケーキ 167
　7　Candy—菓子 170
　　8　Chocolate—チョコレート 172
　　　9　Cookie—クッキー 174
　　　　10　Fruitcake—フルーツケーキ 176
11　Loaf—塊のパン 177
　12　Pancake—パンケーキ 178
　　13　Pie—パイ 180
　　　14　Porridge—ポリッジ 182
　　　　15　Pudding—プリン 183
16　Sandwich—サンドイッチ 185
　17　Spaghetti—スパゲティ 187
　　18　Tart—タルト 189
　　　19　Toast—トースト 191
20　Vanilla—バニラ 193
その他パン・菓子・デザートに関する表現 195

❖ Chapter ⑦ 飲み物で知る英語表現

1　Beer—ビール 198
　2　Coffee—コーヒー 201
　　3　Juice—ジュース.......................203
　　　4　Soup—スープ 206
　　　　5　Tea—紅茶 208
6　Wine—ワイン 210

❖ Chapter ⑧ 調味料で知る英語表現

1　Honey—蜂蜜 214
　2　Mustard—からし 216
　　3　Pepper—コショウ......................217
　　　4　Salt—塩 219
　　　　5　Sauce—ソース 221
6　Sugar—砂糖 223
7　Vinegar—酢 225

参考文献 227

Chapter 1

果物で知る英語表現

1 | Apple ― りんご

①りんご（健康的、フルーツの代表）

> **He's the biggest apple-polisher in our company.**
> 彼は社内一のごますり男だ

📖 決まり文句・イディオム表現 📖

apple-polisher：おべっか使い、ごますり

昔、米国では、生徒が先生のご機嫌をとろうとするとき、ぴかぴかに磨いたりんごをもっていく風習があったらしい。

"All you can do is a little apple-polishing."

「君のできることは少々ごまをすることくらいだろう」

upset the applecart：それまでの計画、実績、努力などを台無しにする

applecartはりんご売りの「手押し車」の意味。日本の石焼芋屋のように、りんご売りがapplecartを押して売り歩きます。チャップリンをはじめ、米国の喜劇映画にはよく登場します。

"The great victory by the Liberal Democratic Party in the last election upset the Democratic Party's political applecart."

「先の選挙における自民党の大勝によって、民主党の政治基盤はガタガタになった」

in apple-pie order：整然として

"She always keeps her kitchen in apple-pie order."

「彼女はいつも自分の台所をきちんと整理している」

"The reception room appeared to be in apple-pie order."

「応接室はきちんと整頓されているようだった」

―― カルチャーノート ――

米国のりんごは日本のものより小さいので持ちやすく、丸ごとかじって食べている人をよくみかけます。田舎のホテルに行くと、ロビーで無料のりんごが置かれていることもあります。なお、りんごの表面のツヤは農薬ではなく"ワックス"というりんご自身の防衛本能の働きによる現象です。しっかりとツヤが出て、香りが強くなったら食べ頃です。

クッキングメモ

"An apple a day keeps the doctor away."「一日一個のりんごで医者いらず」という諺があるとおり、昔からりんごは健康にたいへん良い食べ物と言われています。水溶性の食物繊維"ペクチン"が豊富で、整腸作用に優れたりんごは、便秘にも下痢にも効果的です。特にペクチンとポリフェノールが豊富に含まれている皮を一緒にまるごと食べるのが、おすすめです。

- **an apple pie** アップルパイ（英国では中身の見える菓子パイは tart と言います）
- **baked apples** 焼きりんご
- **apple butter** リンゴジャム
- **apple cider** リンゴ酒
- **an eating apple** 生食用のりんご、a cooking apple 料理用のりんご
- **green apples** 青りんご
- **apple-jack** リンゴブランデー

◆◆◆関連表現

a bad (rotten) apple ☞ 悪影響を与えるもの。
"Stay away from Craig. He's a bad appple."「クレイグには近づかないほうがいいよ。悪い影響を受けるからね」

apple-jack knocker (米俗) ☞ 田舎者、果樹園労働者。無知で世間知らずの者、無骨者。

apple knocker ☞ 渡りの果樹園労働者。

apple pie and Chevrolets ☞ アップルパイとシボレー（自動車）（純粋にアメリカ的なもの）。

apple-pie and motherhood (米俗) ☞ 完璧な長所を持った。

apple-pie bed ☞ いたずらでシーツを折り曲げて足を伸ばせないようにしたベット。

apple sauce ☞ アップルソースという文字どおりの意味の他に（米俗）でたらめ、お世辞。

as American as apple-pie ☞ 非常にアメリカ的な。

as sure as God made little green apples ☞ 絶対確実な。

mom's apple pie ☞ 米国では「ママのアップルパイ」こそ「おふくろの味」の代表。

she's apples. ☞ オーストラリアの口語表現でEverything is fine.（万事オッケー）を意味する。

the apple of discord ☞ 争いの種（トロイ戦争の原因となった黄金のりんごから）。

the apple of the (a person's) eye (話) ☞ ひとみ。目に入れても痛くない人、貴重なもの。
"Tom dotes on his granddaughter, Wendy. She's the apple of his

eye." 「トムは孫娘のウエンディーを溺愛している。目に入れても痛くない存在だ」

the Big Apple ☞ ニューヨーク市。しばしばマスメディアはニューヨーク市を皮肉った表現として"the Rotten Apple"を用いることがある。

◆ リンゴに関する諺・名言・名句 ◆

the apple of Sodom = the Dead Sea apple (fruit)
《ソドムのりんご（外見は美しいが手に取ると灰になるという失望の種、期待はずれのもの）》

One bad apple spoils the barrel.
《一つ腐ったりんごがあると、樽の中のりんごが全部腐ってしまう》

= The rotten apple injures its neighbor.
《腐ったりんごは傍らのりんごを腐らせる》

The apples on the other side of the wall are the sweetest.
《塀の向こうのりんごが一番うまい》

The apple doesn't fall far from the tree.
《りんごは木からあまり遠いところへは落ちない》（子どもは親のあとを継ぐもの）（一家の顕著な特徴は普通遺伝するものだ）

2 | Banana —バナナ

①バナナ ②(俗)(〜s; 間投詞的に) ナンセンス、ばか ③(米俗)(侮蔑)米国のことしか知らない東洋系の(3世・4世の)米国人(バナナは外が黄色で中は白いことから)

> **I'm going bananas!**
> プッツンしそう！

📖 決まり文句・イディオム表現 📖

go bananas：おかしくなる、すごく熱をあげる = be bananas
top banana(俗)：一流のコメディアン、テレビ番組のスター、グループのボス
3人で演ずる笑劇で最も巧みな"落ち"(punch line)を言ったコメディアンがバナナを与えられる慣習から。

"Beat Takeshi is the top banana in the entertainment world."
「ビートたけしは、エンターティンメントの世界におけるトップランナーだ」

"Bruce has been a top banana in the company because of his sales records."
「ブルースは営業成績においてずっと会社のナンバーワンだ」

Bananas!：ばかばかしい、そんなばかな(Nonsense!)

カルチャーノート

バナナは室温で追熟※すると甘くなります。黄色の中に茶色のソバカスのような斑点"シュガースポット"が出てきたら食べ頃のサイン。バナナは寒さに弱いので、冷蔵庫に入れないように。輪切りにしたバナナを良く見ると、中心部に小さな黒い点があります。これは昔、バナナには種があったという名残りです。

※追熟とは、未熟なときに収穫された果実が、呼吸の上昇、エチレン排出などとともに酵素活性が盛んになり、軟化の進行、糖、酸および香りの変化をともない可食に達する現象です。

クッキングメモ

忙しい朝には、バナナを1本でも食べて出掛けることをおすすめします。主成分が炭水化物のため、時間がない朝のエネルギー補給に最適です。しかもバナナ1本のカロリーはたったの86kcal。これはご飯一膳の1/3に過ぎません。

■ **a bunch of bananas** バナナの一房
■ **banana split** バナナスプリット（縦半分に切ったバナナの上にアイスクリームや生クリームをのせたデザート）

関連表現

banana ball ☞（野球）右に曲がる打球。

banana belt ☞ 気候が温暖な地域。

banana boat = amusement type boat at tropical resorts

banana head（米俗）☞ ばか、まぬけ。

banana oil（米俗）☞ 戯言。

banana republic ☞ バナナのような果実輸出に依存する

小国（特に中南米の政情不安定な国）。

banana truck (米俗) ☞頭のいかれたやつ。

make like a banana and split(米俗)☞（おどけて）去る。

slip on a banana skin (peel) ☞バナナの皮で滑る、失敗する、政治的につまずく。

"The politician has slipped on too many skins because of his scandals."「その政治家は自分自身のスキャンダルで数多くの政治的な挫折を繰り返している」

3 | Cherry ― さくらんぼ

① さくらんぼ ② 桜の木（〜tree）（桜の花は〜blossom）
③ （俗）「処女」「経験不足」「初心者」「新品」

> **The baseball scouts are cherry-picking in some high school.**
> 野球のスカウトたちは、将来性のある高校生選手を見いだすことに余念がない。

📖 決まり文句・イディオム表現 📖

cherry-pick：入念に選ぶ、バーゲン品ばかりあさる

cherry-picking：良品買いあさり、えり好み買い・注意深い選択・一般的に魅力的な者だけを選別すること。株式発行で大口投資家だけに勧誘したり、販売活動で一地域の選別された見込み客だけを訪問するなど。

cherry：初心者

"Nancy is a cherry in the sales department, so don't expect too much."
「ナンシーは営業の経験が浅いから、多くを期待しないでね」

make(have, get) two bites of (at) a cherry：(1)ぐずぐずする、(2) 2度も行う、2度機会を得る

"Never make two bites of a cherry."
「一つのさくらんぼを二口にして食べるな」

カルチャーノート

おいしいさくらんぼを選ぶには、産地で天候不順が起こっていないかを確認することがポイントです。急激な温度変化に弱いさくらんぼは、味の良し悪しが天候に大きく左右されます。

🍳 クッキングメモ

カロテンやビタミンC、鉄分、食物繊維などが多く含まれ、小粒ながらパワーいっぱいのさくらんぼ。『もっとミネラルを』という場合は、黒砂糖と一緒に甘く煮る"さくらんぼソース"がおすすめ。ヨーグルトやアイスクリームにピッタリです。そのまま食べる場合には、濃い目の塩水で洗うと甘みが引き立ちます。

◆◆◆ 関連表現

cherry bob (英)☞柄のつながった2個のさくらんぼ。爆竹。

cherry farm (米俗)☞初犯者が服役する農場。

cherry orchard (性俗)☞女子大（寮）。

cherry pie ☞簡単に手に入れられるもの、超勤手当て、時間外手当。

cherry-top (米俗)☞パトカー。

I lost my cherry. ☞処女を失った。

Life isn't just a bowl of cherries. ☞人生は楽しいことばかりじゃない。

Life is (just) a bowl of cherries. ☞人生は良いことずくめ（米国のミュージカル Scandals of 1931 から）。

The cherry on the cake (on the top) ☞魅力的なものにさらにいい点が加わること、予想外に得た良い物、余禄。

4 | Fig ― いちじく

①いちじく ② (a fig；否定・疑問文で) ごくわずか、少し
③ figure (s) の略

> **It's just a fig leaf.**
> (something which is hiding a big problem)
> それは単に問題の隠蔽（いんぺい）にすぎない。

📖 決まり文句・イディオム表現 📖

not give (care) a fig (fig's end) for something：まったく気にしない

"I don't give a fig for what she says."
「彼女が何を言おうとまったく気にしない」
"It's not worth a fig." 「まったくとるに足らないことだ」

カルチャーノート

いちじくは、古くから、不老長寿の果物と言われるほど重宝され、薬効効果が高く、主に胃の健康を守ったり、消化を促進します。生果は便秘に効き、乾果はドイツなどでコーヒーの代用品に使われました。葉を陰干して風呂に入れると、寝冷えや胃病に効くと言われています。

📷 クッキングメモ

おいしいいちじくは、頭の部分が適度に裂け、さわってみて、軟らかいものが多汁で甘みがあります。未熟な実は効能が低いだけでなく、胃を傷めたり、食欲をなくしたりす

ることがあるので、必ず、熟したものを食べるようにしましょう。

◆◆◆関連表現

be in good (fine) fig ☞ とても元気である。

fig = figure ☞ 図版の略。See fig. 2 「第2図を見よ」。

in full fig ☞ 盛装して。

syrup of figs ☞ 下剤。

◆ いちじくに関する諺・名言・名句 ◆

Of a thorn springs not a fig. [Matthew 7-16]

《イバラからイチジクはできない》[聖書マタイ伝7-16]「瓜の蔓にナスビはならぬ」

When the woman saw that the tree was good for food, and that it was a delight to the eyes, and that the tree was desirable to make one wise, she took from its fruit and ate; and she gave also to her husband with her, and he ate. Then the eyes of both of them were opened, and they knew that they were naked; and they sewed **fig** leaves together and made themselves loin coverings.

— Bible: Genesis Chapter 5

《その木はおいしそうだし目を楽しませてくれるし人を賢くしそうだと女は思った。女は実を取って食べ、一緒にいた夫にも渡し、彼も食べた。二人の目は開け、自分たちが裸であることを知り、二人はいちじくの葉を接ぎ合わせて腰を覆うものとした》—聖書「創世記」

5 | Fruit —フルーツ

① 果物 ② 成果 ③ 男性の同性愛者・ホモ ④ おかしなやつ

総称的な意味では不加算名詞、数えるときはa piece of 〜、特定の種類を表すときは加算名詞。

> **Your efforts will certainly bear fruit.**
> 君の努力はきっと実を結ぶでしょう。

📖 決まり文句・イディオム表現 📖

bear fruit = to have a successful outcome：実を結ぶ、成果をもたらす

fruit：報い（reward）や成果（result）

"One of the downsides of our success over the years is that the "low-hanging fruit" is gone."

「ここ数年間におけるわが社の停滞要因の一つは、簡単に成果をあげられる市場環境ではなくなったことである」

カルチャーノート

英語のfruitはラテン語の「楽しみ」を意味するfructusからきたもので、甘い果実を楽しむ食べ物を指します。日本語でフルーツパーラーをそのままfruit parlorと英米人に言うと「ホモが集まる場所」という意味にとられかねないので要注意です。あえてフルーツパーラーを説明したいときはice-cream parlorやfruit barくらいがふさわしいでしょう。

さて、フルーツを食べる時に大切なことは、"食べ頃"を知ることです。フルーツの中には収穫後しばらく時間をおいて、追熟させてから甘みが出るものがあります。叩いた音や、香り、皮の色など、フルーツに

よってそれぞれ食べ頃サインがあります。最適な時に食べて初めて本来のおいしさを知ることができます。ちなみに、リンゴはエチレンを生成するため、追熟が必要な、たとえばキーウィフルーツなどがまだ硬い場合には、このリンゴと一緒にポリ袋に入れて室温で保存しておくと、キーウィフルーツの追熟が促進され、早く食べられるようになります。

◉ クッキングメモ

日々のストレス解消には、多くのビタミンCが必要とされます。人間は、体内でビタミンCを生成することができないため、不足しないよう十分に摂取する必要があります。生で食べる果物はビタミンCの損失がなく最適な供給源、1日200gのフルーツを摂ることをおすすめします。

■**fruit wine**（ぶどう酒以外の）果実酒

◆◆◆関連表現

a fruit farm (orchard) ☞ 果樹園。

forbidden fruit ☞ 禁断の木の実。

fruitarian ☞ 果物主義者。

fruiter ☞ 果物運搬船、果樹栽培者。

fruitful（形容詞）☞ 有益な、収穫の多い。a furitful meeting「実りの多い会議」

Fruit & Nuts（商標）☞ フルーツ＆ナッツ（英国Cadbury社のレーズンとナッツの入ったチョコレートバー）。

fruit basket ☞ フルーツバスケット以外に「(米俗) 頭のおかしなやつ」という意味がある。

fruit medley ☞ フルーツの盛り合わせ。

"Michiko served a fruit medley for dessert."

「美智子はデザートにフルーツの盛り合わせを出した」

Fruit of the Loom (商標) ☞ フルーツ・オブ・ザ・ルーム (米国の男性用下着メーカーおよび同社製の下着)。

fruit wagon (米俗) ☞ 救急車。

fruity ☞ 果物のような。

hen (or hen's) fruit ☞ 卵のおどけた呼び名。

in fruit ☞ 実がなっている。

pluck of fruit ☞ 果物をもぎとる。

The fruits of the earth(nature) ☞ 大地 (自然) の恵み。

◆ フルーツに関する諺、名言、名句 ◆

A tree is known by its fruit.

《(諺) 果物を見れば木のよしあしがわかる。子を見れば親がわかる、人は仕事ぶりで判断できる》

Late fruits keep well.

《遅くできる果物は長くもつ→大器晩成》

Either make the tree good, and its fruit good; or make the tree bad, and its fruit bad. ─ Bible: Matthew Chapter 12

《良い木には良い実が、悪い木には悪い実がなる》─聖書「マタイによる福音書」第12章

The ripest fruit falls first. 《最も熟した果物が先に落ちる》

6 | Gooseberry ——グースベリー

① グースベリー、西洋スグリ ② 安物のワイン（シャンパン）

> **I'm not playing gooseberry to you two.**
> 君たちの仲をじゃまするつもりはないよ。

📖 決まり文句・イディオム表現 📖

play gooseberry：恋仲の男女のじゃまをする
play old gooseberry with someone：～を台なしにする、（人）をひどい目にあわせる

カルチャーノート

　グースベリーは、日本語では西洋スグリと呼ばれます。果実の大きさはマスカットの粒くらいで、ウリのような縞模様が入った淡い緑色です。棘のあるグースベリーの木に対して、棘がなく、その実を房状につけるのはフサスグリです。英名はカラントで、黒、赤、白と種類があります。中でも黒フサスグリは、英名ブラックカラント、フランス名はカシスといい、さまざまな形で今やブルーベリーと並んで人気の果実なのは周知のところです。

📋 クッキングメモ

そのまま口にする楽しみ方もなくはありませんが、スグリ＝酸塊と書き表すように、その実はすっぱく、ジャムなどのように甘く煮たり、ゼリーや果実種にして楽しむのが一般的でしょう。日本では北海道が主な産地で、スーパーマ

ーケットの店先にグースベリーの実のパックを見ることも珍しくありません。

◆ 関連表現

I found him (her) under a gooseberry bush. ☞
(古) 赤ちゃんはスグリの下で見つけたのよ(「赤ちゃんはどこから産まれたの」という子供の質問への答)。

Chinese gooseberry ☞ キーウィフルーツ (kiwi fruit)。

7 | Grape —ぶどう

① ぶどう（酔い・祭り・快楽などを連想させる）

> **It's a case of sour grapes.**
> そんなのは負け惜しみだよ。

📖 決まり文句・イディオム表現 📖

sour grapes：負け惜しみ（イソップ寓話から）。「負け惜しみの減らず口」（欲しいけれど手に入らないものについて言う）。

"The grapes are sour." [Aesop]「あのブドウは酸っぱい」
"I'm sure those grapes are sour anyhow."「どうせあのぶどうは酸っぱいに決まってるさ」というイソップ物語のキツネの表現からきました。手に入らないと知ると「あのブドウは酸っぱい」と、「負け惜しみ」の一つもぶつけたくなるのが心理ですよね。

"Never mind what he's saying. Thats just sour grapes."
「彼が言っていることなんかまったく気にする必要ないよ。ただの負け惜しみだよ」

"He always cries sour grapes."「彼はいつも負け惜しみを言う」

through the grapevine：人づてに、うわさ話で = on the grapevine。

米国の有名なソウル・シンガーであるマーヴィン・ゲイ（Marvin Gaye）の1968年のアルバム "I Heard It Through the Grapevine" は当時大ヒット曲になりました。くねくねとあち

こちに広がるぶどうのつる（grapevine）の枝をイメージしてみてください。

"I heard through the grapevine that John's secretary is getting fired."
「うわさによるとジョンの秘書が解雇されるらしいよ」

"I hear by the grapevine that Miyuki is moving to New York."
「美由紀がニューヨークに引っ越すという話を人づてに聞いた」

"I heard about the traffic accident through the neighborhood grapevine."「近所の噂で、その交通事故について聞いた」

―――― カルチャーノート ――――

ヨーロッパでは「畑のミルク」と呼ばれているぶどう。心身の疲れを取るクエン酸や、美肌効果のビタミン、血圧を下げるカリウム、骨を強くするカルシウム、貧血予防の鉄分などさまざまな栄養素を含んでいます。干しぶどうになると、生よりさらに栄養価が増します。ただし、100 g で300kcal以上もあるので、食べ過ぎにご注意ください。日本は生食用が主ですが、世界的には生産量の半分以上がワインになります。

クッキングメモ

ぶどうの皮の表面を覆う白っぽい粉は、農薬ではありません。水分を保護し新鮮さを保つためのぶどうの防衛手段で「ブルーム」と言います。つまり、この白っぽさは、ぶどうが新鮮で、みずみずしい証なのです。また、一般的に光が当たったところが甘いので、房の下の粒が甘いものは、一房がまんべんなく甘いと考えられます。

a cluster (bunch) of grapes　一房のブドウ

◆◆◆関連表現

a grape on the business (豪)☞興ざめな人、邪魔になる（歓迎されない）人。

go grape picking ☞ぶどう狩りに行く。

grape shot ☞①ぶどう弾（たくさんの鉄球をぶどう状につないだ昔の大砲の弾丸）。②（米俗）ワイン（酒）に酔った。

the Grapes of Wrath ☞怒りのブドウ（神の怒りの象徴、J. Steinbeckの小説）。

8 | Lemon — レモン

①レモン（米英では「さわやかさ」よりも「すっぱさ」（sour, bitter）を連想する）　②欠陥品（車、中古の家電製品）③くだらない人（もの）、まぬけ

> **Don't buy such a lemon.**
> そんなポンコツ車つかまされるなよ。

📖 決まり文句・イディオム表現 📖

The answer is a lemon.

"What is his reaction?"「彼の反応はどうだった？」

"The answer is a lemon."「芳しくないねえ」

"The answer is a lemon." は決まり文句。「残念な（ひどい）結果だ」あるいは「（そんな愚問に対して）「返事は不要」という意味。これを知らないと経済ニュースに出てきても意味がわからないはず。

When life gives you lemons, make lemonade.

"Even since she lost her job, she has been exercising and studying English. When life gives you lemons, make lemonade."

「仕事を失ってからでさえ、彼女は体を鍛え英語の勉強を続けている。逆境に置かれたら、それを順境に変えよの精神だ」

ビジネスでも良く出てくる決まり文句の一つ。lemonは「欠陥品（特に中古車や電化製品）や、つまらないもの」という意味で、「つまらないものを与えられてもそれを利用して価値のあるものに変えろ」というときに使用される表現。不採

算企業を再生させることを比喩で「レモンをレモネードに変える」という表現をビジネス雑誌でよく見かけます。

カルチャーノート

　レモンは欧米ではなんと言っても lemonade、lemon squash、そしてレモン水として好まれています。ピンク色のレモネードも人気があります。レモンの香りには、記憶の中枢である脳の海馬の働きを活性化させる効果があるので、忘れっぽい人は、部屋にレモンを置いておくことをおすすめします。部屋にレモンの香りが広がり、集中力が高まります。

◉ クッキングメモ

レモンは、免疫力を高めてくれるため、風邪の予防に効果的。利尿効果を高め、動脈硬化を防ぐルチンや、高血圧予防に有効なカリウムを含んでいます。ビタミンCは空気に触れると壊れやすいので、レモンは使う直前にカットしましょう。

■**lemon squeezer**　レモンしぼり器

◆◆◆関連表現

lemon-game(米俗)☞ レモンゲーム（賭け事でカモをだます信用詐欺の一種）。

lemon-grass = a herb used in Thai food ☞ レモングラス（芳香油の原料として熱帯地域で栽培される多年草で、葉をタイ料理などに入れる）。

lemon-law(米略式) ☞ 欠陥商品法（欠陥商品の交換など消費者を保護するための法律）。

lemony ☞ レモンの味（香り）のする、(豪・NZ) 怒った、怒りっぽい。

9 | Melon ― メロン

①メロン（ウリ科植物の総称でmuskmelon（マスクメロン）、watermelon（すいか）、honeydew（緑色のメロン）、cantaloupe（オレンジ色のメロン、皮に網目があり、果肉はオレンジ色。米国の一般的なメロン）など ②株主に対する特別配当金

> **Let's cut a melon after the game.**
> その試合の後，利益を山分けしようぜ。

📖 決まり文句・イディオム表現 📖

cut (up) (carve, split) a melon：利益を分配する、戦利品を山分けする、問題を解決する
melon cutting：多額の特別配当金の分配

―― カルチャーノート ――

マスクメロンを代表とするネット型のメロンは、表面にある網目の良し悪しで価格が決まるものがあります。成長過程で皮の表面が固くなり、中身の成長についていけなくなるため割け、網目ができます。ほどよい細かさでかつ太さが均一で盛りあがっているものが、生産者が丹念に育てた良品です。

🍳 クッキングメモ

メロンは、常温で追熟しなければおいしくいただけません。食べ頃のポイントは以下4点。

①鈍い音に変わる

②つるがしなびる
③お尻部分が柔らかくなる
④香りが強くなる

食べる2〜3時間前に冷やすのが、おいしくいただくコツです。

◆◆◆関連表現

melons（俗）(通例〜s) ☞女性の胸、おっぱい。
"She's got great melons."「彼女はデカパイだ」
melon fruit ☞パパイヤ（papaya）。
melon-head（米俗）☞ばか。

10 | Orange ── オレンジ

①オレンジ

> **He doesn't know the difference between apples and oranges.**
> 彼は物事の違いがわからない男だよ。

📖 決まり文句・イディオム表現 📖

apples and oranges：お互いにまったく異なる人（物）、水と油

to squeeze the orange until the pips squeak：（直訳）種子がキーキー鳴るまでオレンジを搾る。（意味）疲労困憊するまで質問攻めにして情報を引き出す

a sucked orange：使われるだけ使われたあげくもはや必要とされていない人

"After giving almost all his earnings to Kate, Jimmy was discarded by her like a sucked orange."
「ほとんどすべての稼ぎをケイトに貢いだあげく、ジミーは彼女に使い古しの雑巾のように捨てられた」

―― カルチャーノート ――

日本ではオレンジの多くは輸入品。農薬が残っていることもあるので、とにかくよく洗ってから食卓へ出しましょう。また、ジュースなどの表示でよく見かける「濃縮還元果汁」とは、100％果汁を5分の1に濃縮し、それに精製した水を加え5倍にしてあるという意味です。

🍳 クッキングメモ

人間が1日に必要とするビタミンCの摂取量は約100g、およそオレンジ1個分です。しかし、酸化ダメージの大きい喫煙者や、日ごろからストレスの多い方などは、より多くのビタミンCを必要とするため、倍の200g以上摂ることをおすすめします。

■ **orange juice** オレンジジュース、英国ではorange squash

◆◆◆関連表現

oranges and lemons ☞子供の遊戯の一つ。Which will you have, oranges or lemons? の問いに対してオレンジ色とレモン色の敵味方に別れ、しばしば綱引き(tug of war)をする。

Orange Bowl ☞オレンジボウル。元日にマイアミで行われるアメフトの試合。

orange goods ☞中級商品（必要とされるサービス量、利益率、回転率などが中程度の広域販売商品、特に衣料品類；買い替え期間の長短（購入頻度）で分けることもある）。

Orangemen ☞オレンジ党員。1795年英国北アイルランドで組織された秘密結社（Orange Society）の党員。アイルランド民族主義、プロテスタントの優位と英国の優位を主張する。

The oranges are all. ☞オレンジはみな食べてしまった（ペンシルバニア州のドイツ語の影響の大きい地方で使われる）。

11 | Peach —桃

①もも ②すてきな(人、もの) ③かわいこちゃん ④桃色の、ピンク色の

> **Ayako's a real peach.**
> 綾子は本当にいかす子だ。

📖 決まり文句・イディオム表現 📖

a peach of a girl：素敵な女の子、美少女
as sweet as a peach：桃のように甘い(いい子)

"Yumi Adachi seems to be as sweet as a peach."
「安達裕実はとてもいい子そうだね」
sweetのかわりにprettyやcuteを入れてもかまいません。

---- カルチャーノート ----

欧米の桃は日本のものより小ぶりです。桃の花言葉は「私は君のとりこ」。米国デラウエア州の州花であり、Peach Stateと言えば米国ジョージア州の通称。一方、中国では結婚、救済の象徴です。

中国では古くから「桃源郷」という理想郷の話があるように、不老長寿の実として珍重され、一方、日本では邪気をはらう意味を持つとも言われます。最近入浴剤や、化粧品などでもよく見かける"桃の葉エキス"は、あせもや湿疹によいとされています。

🍳 クッキングメモ

桃は、長時間冷蔵庫で保存すると甘味が減少するので、おいしくいただくコツは食べる直前に冷やすこと。デリケートな桃は、ちょっと指で押したり、ぶつけたりするだけですぐに変色して傷みが早くなるので、やさしくていねいに取り扱いましょう。

- **canned peaches**　缶詰の桃
- **a mellow peach**　水分の多い桃

"The skin of peaches bruises easily."「桃の皮はいたみやすい」

- **peach-Melba**　(料理) ピーチメルバ (桃とアイスクリームのデザート)

◆◆◆関連表現

a peach dress ☞ ピンク色の服。

a peach of a hat ☞ 素敵な帽子。

a peach of a homer ☞ 見事なホームラン。打球が桃のようにきれいな放物線を描くことから。

peach ☞ 動詞として使うと「密告する」「裏切る」(特に自分の共犯者を)。

peaches and cream ☞ (肌が) ピンク色できれいな。

peach-fuzz (米俗) ☞ 若い、未熟な、(少年の頬などの髭になる前の) うぶ毛。

peach-keen ☞ 魅力のある、すばらしい。

12 | Pear — ペア・洋梨

① 洋梨

> **Many American become pear-shaped after thirties.**
> 多くの米国人は30歳を過ぎると下半身がたくましくなる。

📖 決まり文句・イディオム表現 📖

become(get, go) pear-shaped：体型が洋梨型になる
a pear-shaped graph：洋梨型のグラフ
pears（豪俗）☞ おっぱい。
to ask pears of an elm tree ☞ こしの木に梨を求める（ないものねだり）。

カルチャーノート

洋梨は日本の梨より食物繊維が多く、虫歯予防やコレステロール値を下げる効果があります。ビタミンB₁が含まれているので、疲れやすい人にもおすすめです。洋梨といえば「ラ・フランス」ですが、とろけるような舌ざわりが絶品の「ル・レクチェ」もぜひお試しください。

🍳 クッキングメモ

食べ頃を見極めるのが大切なフルーツです。冷蔵庫に入れると呼吸量が減るため、追熟は常温で。腐る直前が最高の味わいになります。皮の色が青色から茶色に変わり、香りが強くなったら、それが食べ頃です。

13 | Pineapple ― パイナップル

① パイナップル ② (俗)爆弾、手榴弾 ③ (俗) 失業手当

> **He was fired for just one small mistake.**
> **I think he got the rough end of the pineapple.**
> ほんの小さな間違いのために彼は解雇された。貧乏くじを引いちゃったね。

📖 決まり文句・イディオム表現 📖

The rough end of a (the) pineapple（豪俗）：不利な立場、不当な扱いを受けている状態、貧乏くじ、最悪の取引

―― カルチャーノート ――

パイナップルは、国内に出回る9割以上が輸入物です。国産は少量ですが、完熟を待たずに収穫する輸入品と比べて、樹上で完熟させるものもあり、甘さや香りを楽しめます。酸味が苦手な方には新顔の「スナックパイン」がおすすめ。手でちぎって食べられるのが特徴です。パイナップルの主成分は糖質で、この糖質をエネルギーに変えるビタミンB1などに加え、プロメリンたんぱく質分解酵素を含んでいます。

📷 クッキングメモ

パイナップルが肉料理に使われるのは、プロメリンに肉類を軟らかくする働きがあるためです。中でも豚肉との相性は抜群です。酢豚（sweet and sour pork）に使われるのはその一例。未熟なパイナップルは消化不良や肌荒れの原因になります。おいしく味わうためには、「じっくり待つ」こと。また、下にたまった甘みを全体にいきわたらせるために、葉を下にして保存しましょう。

14 | Plum —プラム

① プラム ② すばらしい（もの）

> **Kazumi, you did a plum job！I'm very proud of you.**
> 和美，すばらしい出来映えだったよ。僕は君を誇りに思うよ。

📖 決まり文句・イディオム表現 📖

a plum job：すばらしい仕事

have a plum in one's mouth = a plumy voice（英）：上流社会風の話し方をする

like a ripe plum：やすやすと、簡単に

カルチャーノート

和名をセイヨウスモモといい、バラ科の果樹。明治時代、日本の優良品種が海を越えてアメリカに渡り、そこで品種改良された後に、「プラム」という英語の呼び方で日本に戻ってきたと言われています。アメリカからきた品種としては比較的大玉な「サンタローザ」や、「ソルダム」があります。

🍳 クッキングメモ

プラムは、体内の余分なナトリウムを排泄するカリウムが多いほか、リンやマグネシウム、鉄分などのミネラル、ビタミン類を豊富に含んでいます。不溶性食物繊維を多く含み、腸内の有害物質を排泄する効果があるため、便秘の解消に良いと言われています。甘酸っぱい食味はさわやかさがあり、ジャムや酒や乾果などの加工品にも利用されます。

15 | Prune ――プルーン

① プルーン、干しスモモ ② 文章を簡潔にする

> **In business writing, the key is to prune.**
> ビジネス文書において，重要なことは文章を簡潔にすることだ。

📖 決まり文句・イディオム表現 📖

prune：余分なものを取り除く（away、down）（of）
　"Prune your essay of superflous matters."「論文から余計な内容を削除しなさい」

full of prunes：ばかげたこと
　"You're full of prunes."「馬鹿言うなよ」

prunes and prisms：気取った言葉遣い、上品ぶった態度

―――― カルチャーノート ――――

「命の果実」として珍重され、アメリカでは「ミラクルフルーツ」とも呼ばれているプルーンは、"西洋すもも（プラム）"を乾燥させたもの。鉄分の含有量はフルーツのなかでもトップクラス、ペクチンやカルシウム、カリウムなども豊富です。

📷 クッキングメモ

> プルーン単独だと体内への吸収率がいまひとつなので、ビタミンCやわずかな動物性たんぱく質などと一緒に摂ることをおすすめします。オレンジやヨーグルトとあわせたり、また、お肉と一緒に煮込むと、肉の味をひきたてまろやかな風味になります。

16 | Raspberry ——ラズベリー

① ラズベリー ② 冷笑、あざけり

> **He got a raspberry after his making such a poor speech.**
> 下手なスピーチをした後，彼は嘲笑された。

📖 決まり文句・イディオム表現 📖

to get (give, hand) a (the) raspberry：(やや古い表現)
人に非難される(する)、嘲笑する(される)

flip [blow] one's raspberry：かっとなる（become angry）

カルチャーノート

ラズベリーは、世界各地に多くの品種が分布し、日本でも山野に自生しています。日本語は「木苺」、英語は「ラズベリー」、そしてフランス語では「フランボワーズ」と呼ばれています。仲間には「ブラックベリー」、「デューベリー」などがあります。果実の実は赤色種が主流ですが、黄色や紫、黒や白のものもあります。

🍳 クッキングメモ

ラズベリーの熟した果実は多汁で、ほどよい酸味と甘みがあります。そのまま食べるのが一番おいしくおすすめですが、生食のほか、ジャム、ゼリー、リキュールなどの加工品にも広く使われています。

◆◆◆**関連表現**

Law of Raspberry Jam; The wider any culture is spread, the thinner it gets. Alvin Toffler (1928-) "The Culture Customers"

《ラズベリー・ジャムの法則：いかなる文化も広がった分だけ薄くなる》—アルビン・トフラー（1928年〜）『文化の消費者』

Raspberry Award ☞ 米国で映画の駄作に与えられる賞の名前。毎年3月、アカデミー賞授賞式で盛り上がっているさなか、その前夜に1年間を振り返って、最低の映画を決めるという冗談半分に設定された賞。

■その他果物に関する表現

■Berry　ベリー

- **to be a brown as a berry**　こんがりと日焼けする。

"Miyuki is as brown as berries after three weeks at the seaside in Florida."「美由紀はフロリダの海岸で3週間過ごしたので、こんがりと日焼けしている」。

■Grape-fruit　グレープフルーツ

- **Grape-fruit League**　野球の開幕前のオープン戦（a preseason exhibition game）。

米国のプロ野球の選手は暖かいフロリダ州でキャンプを行うチームが多いが、フロリダ州はグレープフルーツがたくさん栽培され、当地でオープン戦が行われることから名付けられた。

■Kiwi fruit　キューウイフルーツ

日本語ではキューウイフルーツのことをキューイと言うが、kiwi はニュージーランドにしか生息しない鳥の一種。Chinese gooseberry とも言う。

■Strawberry　イチゴ

ビートルズの名曲の一つに Strawberry Fields Forever があるが、ジョン・レノンが住んでいたニューヨーク・マンハッタンのセントラルパーク近くの一角には Strawberry Fields と呼ばれる場所がある。そこには、1980年12月8日に凶弾に倒れたジョン・レノンをしのんで、オノ・ヨーコさんがデザインした"イマジンの碑"がある。

- **strawberry mark**　イチゴ状母斑、赤あざ。
- **strawberry blond**　赤みがかったブロンドの人。

Chapter 2

野菜で知る英語表現

1 | Bean ― まめ

① まめ ② (動詞) ③ 頭、頭脳 ④ the beans；大豆の先物契約 (商品取引市場の用語)

> **Who in the world spilled the beans about our M&A plan!**
> 一体全体誰がわが社の合併プランを漏らしたんだ！

📖 決まり文句・イディオム表現 📖

spill the beans：秘密を漏らす

be full of beans：(人、馬が) 元気いっぱいで、(言っていることが) 愚かで、ばかばかしい

"Ayako was full of beans after the midterm exam."
「中間テストが終わった後、綾子は元気いっぱいだった」

"When Galileo insisted that the earth revolved around the sun, everybody said that he was full of beans."
「ガリレオが、地球は太陽の周りを回っていると主張したときは、だれもがそんなのはでたらめだと言った」

―― カルチャーノート ――

ボストンの名物料理に baked beans があります。エンドウマメやインゲンマメと塩漬け豚肉、ベーコン、ソーセージなどをオーブンで焼いたシンプルな米国料理です。

「畑の肉」と呼ばれている大豆 (soybean) は、食品からしか摂れない必須アミノ酸がバランスよく含まれた良質のたんぱく質がたっぷりです。

🍳 クッキングメモ

豆には大豆（だいず）、小豆（あずき）、いんげん豆、そら豆、ささげ豆…といろいろあります。乾豆は新米同様、9月～10月に出回り始めた新豆が良いとされています。新しいほど水分を早く吸収します。ちなみに、枝豆は若い大豆です。枝ごと取ることから枝豆と呼ばれています。

■ **green bean**　いんげん豆

◆◆◆ 関連表現

a bean pole = a string bean ☞ 背高のっぽ。

a hill (row) of beans = not worth a bean ☞ ほとんど価値のないもの、ほとんど価値がない。映画「カサブランカ」から。

bean bag ☞ ビーンバッグ。ビニール製などの変形自在のいす（= a soft bag used as a chair）、お手玉（お手玉遊び）。

bean ball ☞ ビーンボール。野球で打者の頭をめがけて投げること。

bean counter ☞ 財務屋、経理屋。

bean counting ☞ 官僚的な数字に関与する、数字いじりをする。

bean eater（米俗）☞ ボストン人、ヒスパニック系米人。

bean feast ☞ 年に一度雇い人にふるまう宴会、祝い。

beanery（俗）☞ 安レストラン。

not know beans about ☞ まったく知らない、これっぽっちも知らない。

"Don't listen to the consultant. He doesn't know beans about running a company."「そのコンサルタントの言うことに耳を貸

Bean 49

すな。彼は会社経営のことを、これっぽちも知らない」

know one's beans = know how many beans make five ☞ 知恵がある、頭が切れる、物知りである、抜け目がない 小さな子供に豆を使って数を教える習慣から由来する表現。

give a person beans ☞ 叱りつける。

like beans ☞ ひどく = like anything。

not amount to a hill of beans ☞ 全部あわせてもたかが知れている。

not have a bean（英話）☞ 一文無しの、お金がまったくない。

◆ まめに関する諺・名言・名句 ◆

Hunger makes hard bones sweet beans.

《空腹は硬い骨でもおいしい豆に変える》

2 | Cabbage —キャベツ

①キャベツ ②紙幣、お金 ③ぐうたら ④かわいい子の、恋人

The Prince is not as green as he is cabbage-looking.
王子は見かけほど愚か者ではない。

📖 決まり文句・イディオム表現 📖

be not as green as one is cabbage-looking (英)：見かけほどばか（未熟）でない

My cabbage!：(可愛いもの、恋人) に対する親しみを込めた呼びかけ、「ねえ」「あんた」

カルチャーノート

キャベツは、古くから欧州で食されていた野菜で、胃腸に良い食べ物と考えられていました。ドイツ、オーストリア、ポーランドなどでキャベツの漬物が現在もたくさん食されています。

胃腸薬として有名な"キャベジン"は、キャベツ特有の成分ビタミンUからできています。そのビタミンUは、胃炎、胃腸の潰瘍などで傷ついた粘膜を修復する働きがあります。

🍳 クッキングメモ

基本的に冬キャベツは煮込み料理向き、春キャベツは生食向きといわれます。また、キャベツからビタミンをたっぷり摂りたいときは生食がベスト。食物繊維をたっぷり摂りたいときは、茹でたり炒めたりと、ニーズにあわせて調理

法を変えてみましょう。

■**coleslaw**　細かく刻んだキャベツをマヨネーズ＝ドレッシングで和えたサラダ

■**coleslaw on a bed of lettuce**　レタスに載せたコールスロー

■**cabbage salad**　キャベツサラダ（キャベツとにんじんの千切りをマヨネーズで和えたもの）

■**meat-stuffed cabbage**　ロールキャベツ roll(ed) cabbage

◆◆◆関連表現

a patch of cabbages = a cabbage patch ☞ キャベツ畑。
cabbage butterfly ☞ モンシロチョウ
Cabbage Patch Kids（商標）☞ キャベツ畑人形。1980年代前半に米国で大流行した赤ちゃんのぬいぐるみ人形。「赤ん坊はキャベツから生まれる」と子供に説明することから。Cabbage Patch doll とも言う。
cabbage leaves ☞ 札 = greenback。
cabbage-head（米俗）☞ ばか者、愚か者。
cabbage town（カナダ）☞ スラム街。カナダのトロントにあった貧困地域 Cabbage town から。なお、スラム街のことを英語では婉曲的に inner city と表現します。
ten heads of cabbage ☞ キャベツ10個。

3 | Carrot —にんじん

① キャロット、「人参」　② 報酬、ほうび

Professor Yamamoto believed in the carrot-and-stick approach with his students.
山本教授は，学生に対して飴と鞭という教育方針をとっていた。

📖 決まり文句・イディオム表現 📖

carrot and stick ; reward and punishment：飴と鞭

"The New President will adopt a carrot and stick foreign policy."
「新しい大統領は硬軟を織り交ぜた外交政策をとるであろう」

カルチャーノート

にんじんは一年中出回っていますが、旬は秋。緑黄色野菜の代表と言えるもので、心臓病や動脈硬化の予防に効果的な"カロテン"が豊富です。カロテンは体内で必要な分だけがビタミンAに変化して、皮膚や粘膜を健康に保ちます。

🍳 クッキングメモ

にんじんの栄養価は、炒めたり、揚げたり、マヨネーズで和えるなど油とあわせることにより、吸収率が格段にアップします。また、にんじんを摩り下ろしたりジュースにする際は、ビタミンCが壊れやすくなるため、レモン汁や酢を入れて、その損失を防ぎましょう。

■ **baby carrots** 　小型のにんじん

- **carrot cake** キャロットケーキ。イングランドではとても人気の高い伝統的なケーキです。
- **shredded carrot** にんじんのみじん切り
- **Cut the carrots into small cubes.** にんじんをさいの目に切りなさい

◆◆◆関連表現

carrots ☞ 赤毛の人。

carrot top（米俗）☞ 赤毛の人。

"All of John's children are carrot tops."「ジョンの子供達は皆、赤毛をしている」

carroty（形）☞（毛が）にんじん色の。

nibble on carrot ☞ にんじんをかじる。

◆にんじんに関する諺・名言・名句◆

(It's like) Bolting a door with a boiled carrot.
《糠(ぬか)に釘。(茹(ゆ)でた人参で戸締りをする(ようなものだ)》

4 | Corn ─ とうもろこし

① とうもろこし ② corny；古臭い、陳腐な

> **He always tells corny jokes.**
> 彼はいつも古臭いジョークを言う。

📖 決まり文句・イディオム表現 📖

corny：(しゃれなどが)古くさい、(人が)うぶな、素朴な。

"Many young people think "Tora-san" is a corny movie."

「多くの若者が「寅さん」を単純素朴な人情映画と思っている」

─ カルチャーノート ─

米国では corn、carrot、peas の mixed vegetables がよく食べられています。また、とうもろこしは、家畜の主要な飼料として使われています。米国では corn、英国では maize と表現します。

野菜の中では高カロリーな部類に入るとうもろこしは、種実の主成分はでんぷんですが、胚芽部分はビタミン B_1、B_2、C、E を含んでいます。種実の表皮には食物繊維が多く含まれているので便通をよくし、また体内の余分な塩分を排出するカリウムも豊富です。

🍳 クッキングメモ

鮮度の低下が早いため、購入は皮付きがおすすめです。保存する場合はラップで包み立てて野菜室にいれましょう。とうもろこしの芯にはうまみがたっぷり含まれています。煮こむ際は、芯ごと調理すると味に深みが出ます。

◆◆◆**関連表現**

a (tall) can of corn（野球）☞楽に捕れる高いフライ。

acknowledge (admit, confess) the corn ☞自分の失敗（誤り）を認める、かぶとを脱ぐ。

be worth (earn) (one's) corn ☞賃金なりの価値がある。

Corn Belt ☞米国中西部のトウモロコシ生産地帯（Iowa, Illinois, Indiana）。

corn chandler ☞雑穀商。

the Corn-Cracker State ☞貧乏白人州（Kentucky州の愛称）。

cornflakes ☞コーンフレーク（複数扱い）。コーンフレークで有名なケロッグ社は2006年2月に100周年を迎えた。現在では180カ国以上で売られ、朝食シリアルの代名詞になっている。

corn up（俗）☞（物語などを）わざとらしく感傷的にする。

corn whiskey（話）☞（しゃれ・物語・音楽など）古風な（陳腐な、感傷的な）もの。

measure one's corn by the bushel ☞（人）を自分の基準で判断する。bushell（ブッシェル）は体積の単位。

treat (trample) on one's corns ☞人の感情を害する。人の痛いところにさわる。

◆ とうもろこしに関する諺・名言・名句 ◆

Corn and horn go together.

《トウモロコシと角は持った牛は相伴う》

Down corn, down horn.

《コーン安けりゃ、お肉も下がる》

5 | Cucumber ── きゅうり

① きゅうり ② (俗)ドル

> **You looked cool as a cucumber.**
> すっかり落ち着いて見えたよ。

📖 決まり文句・イディオム表現 📖

(as) cool as a cucumber：「落ち着き払って」「涼しい顔で」

"Michiko, that was a great presentation. You looked cool as a cucumber."

「美智子、素晴らしいプレゼンだったよ。すっかり落ち着いて見えたしね」

―――― カルチャーノート ――――

英国ではcucumber sandwichを、アフタヌーンティーと一緒に食べることがよくあります。90%が水分というきゅうりは、あまり栄養がないと思われがちですが、血圧の上昇を抑えたり、筋肉の動きを円滑にしてくれる"カリウム"が豊富です。また、青臭いのは"ピラジン"で、血液が固まるのを防ぎ、さらに利尿作用もあるため、むくみ改善に効果的です。ビタミンB_1が不足するとだるく疲れやすくなりますが、そんなときには、ぬか漬けにするとB_1含有量が増えるきゅうりのぬか漬けがおすすめです。

🍳 クッキングメモ

きゅうりの旬は7～8月。ズシリと重く太さが一定なものは、水分がぎっしりと先端まで詰まっていておいしいです。曲がりは味とは無関係です。イボイボのない"フリーダム"は、皮が軟らかく臭みや渋みがない、さわやかな新種のきゅうりで、シャキッという食感と日保ちの良さが特徴です。

◆◆◆関連表現

a sandwich interleaved with cucumber slices ☞ きゅうりのスライスをはさんだサンドイッチ。

sea cucumber ☞ ナマコ。見た目の形状からそう言われるようになったのだろう。

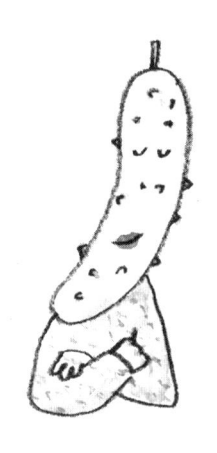

6 | Ginger ― ショウガ

① ショウガ ② 元気・活力

> **The new manager gingered up his staff.**
> 新しいマネジャーはスタッフたちを元気づけた。

📖 決まり文句・イディオム表現 📖

ginger up：元気づける、息を吹き込む

ginger group（英・カナダ）：（政党内の）積極派・行動派

take the gilt off the gingerbread ☞ 興ざめする。うまみを減らす。giltは「金粉」の意。

― カルチャーノート ―

ショウガは、紀元前からインドを中心に熱帯アジアで栽培され、日本には、中国から伝わりました。古くから香辛料として、また薬としても用いられてきました。多くの漢方薬に使われていることからも、その薬効成分をうかがい知ることができます。

🍳 クッキングメモ

ショウガの成分"ジンゲロン"には、血行をよくし、発汗・保温を促す作用があるので、カゼのときにおすすめ。また、食欲増進、消化促進のほか、抗酸化作用もあります。肉や魚料理に加えると、臭い消しになり殺菌作用も発揮します。

■ **ginger ale**　ジンジャエール

◆◆◆関連表現

ginger bread ☞ ショウガパン、派手な装飾。

7 | Mushroom ―マッシュルーム

① マッシュルーム ② 急成長する

> **Due to the false statements, Enron had covered up debts like mushrooms for ages.**
>
> 不正会計処理によって、エンロンは急速に膨れ上がった債務を長年覆い隠してきた。

決まり文句・イディオム表現

like mushrooms (a mushroom)：急速に広がる（増殖する）、ほとんどの場合、悪い例で使用される表現。

"Many new adult entertainments are springing up like mushrooms."
「雨後の竹の子のように新しい風俗業が次々に出てくる」

to mushroom：急に増える

"The number of inedible jellyfish has mushroomed in the Sea of Japan."
「食用にならないクラゲが日本海で大量発生した」

カルチャーノート

マッシュルームには、ビタミンB_2やカリウムが豊富です。また、食物繊維も多く、腸内の異常発酵を防ぎ、口臭や体臭を抑える作用があります。細胞の再生を促進する作用などがあることから、健康な皮膚・髪や爪をつくり、口内炎や角膜炎の予防に有効であると言われています。

🍳 クッキングメモ

英語でマッシュルーム、フランス語ではシャンピニオンと呼ばれ、ホワイト種とブラウン種があります。ホワイト種よりブラウン種のほうが味も香りも強く、また、ホワイト種はサラダなど生食向き、ブラウン種はバター炒めなど加熱向きです。

◆◆◆関連表現

mushroom cloud ☞ きのこ雲、原子雲（核爆発の際に生じ、しばしば成層圏にまで達する）。

mushroom steamer = tramp steamer ☞ 不定期貨物船。

mushroom valve (機械) ☞ きのこ弁。

8 | Nut ― ナッツ

① 木の実、堅果（クルミなど）、ナッツ ② ばかモノ、ファン、狂（freak）③ 資金

> **There are no hard nuts to crack between these two countries.**
> 二国間の横たわる難問は存在しない。

📖 決まり文句・イディオム表現 📖

a hard (tough) nut to crack：難問、難題、手に負えない人

crackは「割れ目を入れる」の意。つまり、「とっかかり（糸口）をつかむのが難しい」という意味。

"The math problem is a tough nut to crack."
「その数学の問題はかなりの難問だ」

to be off one's nut, to be nuts：頭がいかれている、正気でない

"He is a golf nut."「彼はゴルフ狂だ」

"Mari is a nut about scuba-diving"「真理はスキューバダイビングにはまっている」

"Are you nuts?"「頭がいかれちゃってるんじゃない？」

よく使われる表現なので、覚えておくと便利。

a nut-case：狂人

"Don't hire John. He's really a nut-case."
「ジョンは採用しないほうがいいよ。彼は本当に頭がどうにかし

てるんだ」

nuts about someone：夢中、とりこになって

"Tom is nuts about Jane."「トムはジェーンにいかれている」

in a nutshell：要するに

"In a nutshell, Tom fell in love with Azusa."

「一言でいうと、トムはあずさに惚れちゃったんだ」

カルチャーノート

クルミ（walnut）はナッツ類の中でも特にカロリーが高く、良質で吸収率の高いたんぱく質や脂質が主な成分です。ビタミンEも豊富で、脂質との相乗効果から、血行がよくなり、コレステロールを抑制して高血圧や動脈硬化を予防したり、老化防止、美肌にも効果があると言われています。ビタミンB_1やB_2もたっぷり含まれているので、体力の回復に有効。また、記憶力を高める働きもあるので、「このごろ少し忘れっぽい……」という方におすすめです。

クッキングメモ

クルミの香ばしい風味やカリッという食感は、ケーキや料理の旨味を深めてくれます。サラダにトッピングしたり、炒めものにも加えると風味が増して、料理にコクがでてきます。クルミは、体力が低下しているときにはおすすめですが、高カロリーのため、食べ過ぎには注意が必要です。

■**nutcracker**　くるみ割り器（The nutcrackerは「クルミ割り人形」（チャイコフスキーのバレエ曲）

関連表現

be nuts about (on) ☞ ～に夢中で、～が上手な。

be nuts for (to)（俗）☞ の大好物である、うってつけである。

Nut

chestnut hair ☞ 栗色の髪。

dead nut（米俗）☞ まったく正しい、まさに望みどおりの。

do one's nut（英話）☞ 激怒する。

from soup to nuts ☞ 一部始終、(始めから終わりまで) 詳細に。

for nuts(can'tを伴って)（英俗）☞ さっぱり、からっきし。

go nuts ☞ 気が変になる、激怒する。= go crazy

nut up (out) ☞ 気が狂う。

nutty ☞ 頭がいかれている。be (as) nutty as a fruitcake (P.176参照)。

old chestnut ☞ 新鮮みのないジョーク、逸話。
"Mr. Ito is full of old chestnuts."「伊東さんは古くさい冗談ばかり言う」

pull the chestnuts out of the fire ☞ 火中の栗を拾う。

the nuts and bolts ☞ 物事の主眼点、(理論に対して) 実際的な事柄、基本、根本。

◆ ナッツに関する諺・名言・名句 ◆

He that would eat the kernel must crack the nut.
《クルミの実を食べようとするものは、クルミの殻を割らなくてはならない》「棚からぼた餅は落ちてこない」

The gods send nuts to those who have no teeth.
《神は歯のない者にクルミを授ける》

☕ コーヒーブレイク

★ナッツいろいろ★

種実類（しゅじつるい）とは、かたい皮や殻に包まれた食用の果実・種子の総称で堅果ともいいます。種実類のうち、木の実は一般には「ナッツ」と呼ばれます。以下一覧はナッツの仲間です。

クルミ（胡桃） クルクル転がる実の意味	walnut	クルミ科クルミ属の落葉高木の総称。またその核果の仁を加工したナッツ
アーモンド	almond	バラ科サクラ属の落葉高木。およびそれから採ったナッツ
カシューナッツ	cashew nut	ウルシ科の常緑高木カシューの種子（仁）
ヘーゼルナッツ	hazelnut	カバノキ科ハシバミ属セイヨウハシバミ（西洋榛）Corylus avellanaの食用に供される木の実
ピスタチオ	pistachio nut	ウルシ科カイノキ属の樹木の実。
ココナッツ（ヤシの実）	coconut	ヤシ科の単子葉植物、ココヤシの果実
ペカン（ピーカン）	pecan	クルミ科の落葉高木。およびその種実。味はクルミに似ているが、より甘みとコクがある
マカデミアナッツ	macadamia nut	ヤマモガシ科の常緑樹(学名：Macadamia tegnifolia) の実
ピーナッツ（落花生）	peanut	マメ科ラッカセイ属の一年草。別名はナンキンマメ（南京豆）

9 | Oat ― オートムギ

① オートムギ ② カラス麦

> **I always try to feel my oats for my students when I have a class.**
> 授業があるとき、学生に対していつだって元気いっぱいであろうと努めている。

📖 決まり文句・イディオム表現 📖

feel (find) one's oats：生き生きとする、元気いっぱいである、自信満々である。馬がオート麦を食べると元気になることから。

be (go) off one's oats：(不調で) 食欲不振である (になる)。元来は馬に使われていた表現。

"My father went off his oats last week."
「私の父は先週食欲がなかった」

know one's oats：物知りである、有能である

"Our school aims at making better persons than those who know their oats."「わが校の目標は物知りよりも良い人間を育てることである」

―― カルチャーノート ――

オートムギは、明治の初めに牧草として日本に輸入されました。栄養価が高く、オートミールとして食用にするほか、家畜の飼料にもなります。最近では"ネコ草"として、ペットショップでも見かけるようになりました。

🍳 クッキングメモ

「オートミール」で知られるオートムギ。別名燕麦（エンバク）と言います。くせがなく、ふんわりとした草の香りがし、かすかに苦味があります。食物繊維をはじめとして、たんぱく質、脂質、アミノ酸などが豊富に含まれています。強壮効果と体を温める作用があるため、風邪をひいたときにおすすめです。また、心身の衰弱時にも効果的とされ、ハーブティーにブレンドして飲まれています。

- **oat cake** オートケーキ（オートミールで作ったビスケットの一種）
- **oat meal** オートミール（通例、牛乳と砂糖を加えて朝食として食べられる）

関連表現

get one's oats ☞ 定期的にセックスする。

oat opera （米俗）☞ 西部劇（horse opera）。

off one's oats （英口語）☞ 食欲がなくなって、性欲がなくなって。

smell one's oats ☞ （いよいよ最後だと思って）急に元気づく、勇み立つ。

sow one's (wild) oats ☞ （若者が）思い切った（大胆な）ことをやる、（結婚前に多数の異性と）遊びまわる。

"Even after he got married, Junichi was sowing his wild oats."
「結婚した後でさえも、純一は女遊びをしていた」

10 | Onion ― 玉ねぎ

① オニオン、玉ねぎ ② 「頭」「人」「ヤツ」

> **Lotte Marines have no super star player, but all really know their onions.**
> ロッテマーリンズはスーパースター選手はいないが，選手の誰もが自分の役割をしっかり理解している。

📖 決まり文句・イディオム表現 📖

know one's onions：to be knowledgeable in one's subject or competent in one's job：自分の仕事・趣味などに精通している、有能である

ここで使われるonionは「内容や方法」といった意味。know one's stuffとも言う。かなりくだけた表現なので、口語でしか使わない。

"Ask Brenda about statistics. She really knows her onions."

「統計学については、ブレンダに尋ねなさい。彼女は実に詳しい」

――― カルチャーノート ―――

玉ねぎは収穫後、乾燥させてから出荷するので、表皮がよく乾き、つやのあるものを選びましょう。臭気成分のアリシンは、ビタミンB_1の吸収を高める働きがあるので、新陳代謝を促進し、疲労回復や食欲不振に有効です。また、忘れてはいけないのが"血液サラサラ効果"。血液が凝固するのを防いだり、血液中の脂質を減らしてくれると言われています。

🍳 クッキングメモ

アリシンをもっとも効果的に摂取するには、サラダやオニオンスライスなどの生食がおすすめです。ただし、殺菌効果が強く、胃の粘膜が荒れてしまうこともあるため、食べ過ぎには要注意。また、アリシンは加熱すると甘味に変化します。シチューやカレーに入れたり、天ぷらなどにするとおいしくいただけます。

◆◆◆関連表現

onion bag (サッカー俗)☞ ゴールネット。

onion's dome ☞（ロシア聖教の教会に見られる）タマネギ形丸屋根。

off one's onion (s) ☞ 気が狂って、間抜けの。

onion skin ☞ 半透明の筆記用紙。

oniony (形)☞ 玉ねぎの味（におい）のする。

コラム―薬味野菜の働き

　ネギやしそ、生姜やみょうがなどの薬味野菜は、それぞれ辛さや苦みが異なり、独特の味わいや香気を生むので、料理には欠かせません。料理そのものがシンプルでも、薬味野菜の力で味も見た目も上等な一品に仕上がります。また、魚の味を引き立てたり、肉を柔らかくしたり、味噌汁に散らすなど、万能です。こうして、料理にとても有効な薬味野菜ですが、カラダに頼もしい働きをします。ここで個々の働きを紹介しましょう。

　まずは「ネギ」。日々の生活で、人は体の中に知らず知らずのうちに有害物質をため込んでいます。これは、気持ちの落ち込みや肥満、便秘、肌荒れなどさまざまなカラダの不調を生み出す原因となります。有害物質を体内に溜めないために、積極的に摂って欲しいのが「ネギ」なのです。「ネギ」は毒素を排出するだけでなく、解毒力にも優れています。「良薬口に苦し」とはよく言ったもので、涙が出るほどツーンとくる刺激臭"硫化アリル"が、その解毒力のもとなのです。

　続いて「しそ」の働き。日本でもっとも古い野菜のひとつである「しそ」は、ビタミン類、ミネラル類がともに豊富で、特にカロテンとカルシウムは野菜の中でもトップクラス。香りのもと"ペリルアルデヒド"には防腐作用があり、魚による中毒を中和します。お刺身のつまに欠かせない理由は、こんなところにあるようです。

　そして「生姜」の働き。これといった栄養的効果は期待できませんが、殺菌作用の高さが特徴です。例えば、お寿司屋さんで必ず見かけるガリ。これはとても理にかなった組み合わせです。また、喉が痛いとき、塩水に生姜汁を混ぜてうがいをするとよいとされています。

　最後に「みょうが」。日本で栽培される野菜は約130種と言われていますが、日本自生の野菜種は一割足らず。その一つが「みょうが」です。香りの成分"アルファピネン"が、頭をシャキッとさせ、血液の循環、発汗、消化を促進します。生姜によく似たみょうがの葉は、食中毒の防止になるので、お弁当の仕切りにしてみてはいかがでしょう。

　このように薬味野菜は万能野菜です。「臭いし辛い」といって嫌わずに、日々の食生活に取り入れてみてはいかがですか。

11 | Pea —さやえんどう

① さやえんどう ② (favorite) 有望な立場にいる人

The sisters are like two peas in a pod.
あの姉妹はまるでうりふたつだ。

決まり文句・イディオム表現

alike as / like (two) peas in a pod：うりふたつ（容姿が）
podはエンドウなどのさや。今流行のアップル社のiPodはinformation（情報・知識など）を収めておくところという意味です。

peas and carrots：とても仲がいい、いつも一緒にいる

"Cathy and Doris are like peas and carrots."
「キャシーとドリスはとても仲がいい」

カルチャーノート

地中海沿岸、中東が原産地。石器時代から食用とされていたえんどう豆は、中国から日本へやってきました。早採りし、若いさやごと食べるさやえんどうには、リジンという成分が含まれていて、美肌に効果的。また、さやの中の豆は、豆類のなかでも栄養価が高く、ビタミンAをはじめ、ビタミンB、Cのほか食物繊維も豊富です。ちなみに、「絹さや」は、さや同士が擦れ合う音が衣ずれの音に似ていることからこの名が付いたと言われています。

🍳 クッキングメモ

さやえんどうに多く含まれるビタミンCは熱に弱いので、加熱時間や湯通しなどは「さっと」短めにしましょう。シャキシャキした歯ごたえを残すくらいが一番おいしく感じられます。野菜の煮物や吸い物の彩りや、炒めて肉料理の付け合わせなどに使われます

■ **shell (scale) peas**　エンドウのさやをむく
■ **green peas**　グリーンピース

◆◆◆関連表現

(as) easy as shelling peas ☞実にたやすい、いとも簡単に。

a pea souper（英やや古）☞（主にロンドンの）黄色の濃霧。

(as) small as a pea ☞たいへん小さい。

not worth a pea ☞少しの価値もない。

pea brain（米俗）☞ばか、ぱあ。

row of peas ☞ほとんど無価値なもの、ほんの少量。

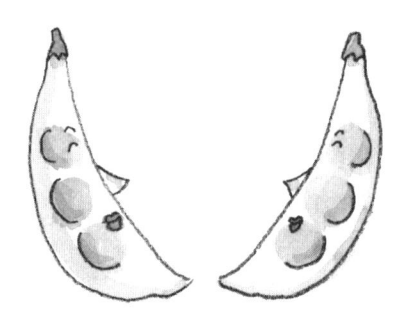

12 | Peanut—ピーナッツ

① ピーナッツ ② つまらない人 ③ 少額のお金、はした金

> **If you pay peanuts, you get monkeys.**
> (英) 安月給では人は集まらない。

📖 決まり文句・イディオム表現 📖

for peanuts：はした金のために、ただ同然で

"The company gets many immigrants working for peanuts."
「その会社は、薄給で多くの移民たちを働かせている」

peanuts gallery：劇場の二階桟敷の最後部席

カルチャーノート

ナッツ類の中でもっともポピュラーなピーナッツは、ナイアシンが非常に多く、ビタミンEとともに血液の流れをよくし、肌の健康や若さを保つ作用があります。また、二日酔いや疲労回復にも効果的です。ただし、脂質成分が多いため食べ過ぎには要注意。さやに入ったものを落花生、さやから出した薄皮付きのものを南京豆、その薄皮をむいたものをピーナッツと呼び、区別します。

📷 クッキングメモ

殻付きの場合には、しっかりと乾燥した、粒の揃ったものが良いとされています。菓子類の材料として重宝する一方、細かく砕いて、炒めものやソースの素にしたり、サラダなどのトッピングに使ったりと、幅広く利用できるので、料理のアクセントや隠し味にぜひおすすめです。

13 | Pickle ──ピクルス

① ピクルス（野菜を酢や塩で漬けたもの）② 困った立場

> **Your desk is in such a pickle.**
> **I wonder if you can find anything in it.**
> 君の机は本当にめちゃくちゃだね。
> モノを探すことだってできないだろ。

📖 決まり文句・イディオム表現 📖

to be in a pickle：混乱した状態

"I'm in a pickle. I don't have enough money to eat out."
「困っちゃった。外食する金が足りないんだ」

相手に助けを求める際によく使う。「ちょっとお金かしてくれない？」「おごってくれる？」などと続けたり、「貸してあげるよ」という言葉を期待する場合が多い。

to be in a nice/fine pickle：苦境にある

通常困った状況において皮肉ぽっく使う。

"The president will be in a fine pickle without his secretary's help."
「社長は秘書の助けがなかったら本当に途方に暮れちゃうよ」

a pickle in the middle（米）：板ばさみになった人、相反する2つのことを同時にやらなければならない立場

"I'm in a pickle in the middle. My boss wants me to drink out tonight while my wife wants me to return home early."
「板ばさみになっちゃってんだ。上司は今晩一緒に飲みに行きたがってるし、家内は早く家に帰ってきて欲しいと言ってるし」

pickled：酔っぱらって。pickleの過去分詞でget pickled、be pickledの形で使う。

"Moeko got completely pickled last night."
「萌子はゆうべすっかり酔っぱらっていた」

カルチャーノート

ピクルスは漬物一般を指す言葉で、酢を使った野菜の保存食です（動詞「ピックル＝pickle」は漬けるという意味）。作り手によって甘口だったり、酸味が強かったりと味に変化があるのが特徴。疲労回復や血液サラサラ効果のあるお酢を一緒に摂ることができるピクルスは、食卓のもう1品としておすすめです。

クッキングメモ

ピクルスが日本の漬け物と異なるのは、使う塩分が少ない点です。漬け汁に入れるハーブやスパイスに防腐作用があり、また食酢も発酵を防ぐ作用があるのです。キュウリ、オクラ、ピーマン、ニンジン、オリーブ、マッシュルーム、タマネギ、セロリなど多肉質の野菜ならおいしいピクルスになります。

■**pickle herring**　塩漬けにしん

関連表現

have a rod in pickle for someone ☞（人）を折あれば罰しようと待ち構える。

Many a little pickle makes a mickle ☞ちりも積もれば山となる。mickleは、たくさん、多量の意。

14 | Potato ― じゃがいも

① じゃがいも ② (俗)(複数形で) ぜに、ドル

> **The unemployment is a political hot potato.**
> 失業問題はやっかいな政治問題である。

📖 決まり文句・イディオム表現 📖

a hot potato：厄介な問題

drop someone (or something) like a hot potato：できるだけ早く物や人を切り捨てる

"When she found that Tom lost his job, she dropped him like a hot potato."

「彼女はトムが失業したとわかったとき、あっさり彼を振った」

couch potato：長いすに寝そべってテレビにかじりついている人、ガウチポテト族

―― カルチャーノート ――

世界中でおいしく食べられているじゃがいもは、小麦・トウモロコシ・お米と供に4大作物として、人々の栄養を支える重要な役目を担っています。イギリスでは「シェーパーズ・パイ」、スイスでは「ラクレット」、ギリシャでは「タラモサラダ」、そして日本では「肉じゃが」など各国にその代表料理があります。日本には16世紀にオランダ人によってジャガトラ（現在のインドネシア）から伝わったとされています。そのため、ジャガトライモと呼ばれ、それを略してじゃがいもと呼ばれるようになりました。

マクドナルドなどのメニューにある「フライドポテト」は実は、和製

英語で、じゃがいもを丸ごと揚げたイメージを与えてしまいます。フライドポテトを表す英語は、アメリカでは French fries です。元来、フランスで肉などのメインディッシュの付け合せとして食べられていたことに由来します。またフライドポテトは英国では chips と言い、日本で言うところのポテトチップは、crisps と呼ばれています。

　1845年から46年、アイルランドにおいて当時の主食であったじゃがいもが飢饉により壊滅状態で全人口の5分の1が死にました。これを The Irish Potato Famine と言います。その結果、100万人近くのアイルランド人が米国へ移民することになりました。米国大統領の J.F.ケネディ、ビル・クリントンもアイルランド移民の子孫です。

クッキングメモ

> フランスでは「大地のりんご」と呼ばれているじゃがいも。じゃがいもはその主成分であるでんぷん質が、ビタミンCを包んで保護しているため、加熱してもビタミンCが破壊されにくいのが特徴です。風通しの良い冷暗所に、りんごと一緒にポリ袋に入れておくと芽が出にくくなります。

◆◆◆関連表現

have one's potato cooked (NZ) ☞ 終了（完了）した。
hold one's potatoes ☞ 辛抱する。
Irish potato, white potato ☞ じゃがいも。
like a sack of potatoes ☞ ぶかっこうな、ぶざまな。
meat and potatoes (米俗) ☞ 基本、根本。
potatoes [bread] and point (方言・戯言) ☞ チーズやベーコンや魚は見るだけで食べるのはじゃがいも（パン）だけ（の食事）。
small potatoes (米話) ☞ つまらないもの。

15 | Pumpkin ── かぼちゃ

① カボチャ

> **The pumpkin has not turned into a coach.**
> 思いどおりにはならない。

📖 決まり文句・イディオム表現 📖

The pumpkin has not turned into a coach.

「初期の約束などは実現されず、結局は失望に終わるものだ」
シンデレラのおとぎ話で魔女がシンデレラの持っていたカボチャを金の馬車に変えたことから。

―― カルチャーノート ――

どんな風土でも育てやすいことから、世界中で栽培されているかぼちゃは、にんじんと並んで緑黄食野菜の代表選手です。豊富なカロテンが、皮膚の粘膜を強化し、さらに、生活習慣病を予防してくれます。また、かぼちゃには、身体を温める働きがあるため、冷え性の方にもおすすめです。漢方薬に用いられているというかぼちゃの種は、フライパンで乾煎りし、塩をふって食べると、動脈硬化予防などに効果があると言われています。

🍳 クッキングメモ

かぼちゃ購入時のポイントは、ヘタの切り口をチェックすることです。10円玉大で、からからに乾いてくぼんでいるものが良いとされています。種とワタから傷み始めるので、スプーンですくって取り除き、ラップして冷蔵保存しましょう。

◆◆関連表現

some pumpkins（米話）☞ ひとかどの人物、(俗) ずうたいの大きい人、太っちょ。

"The lady is some pumpkins."「あの女性は大したもんだ」

squash ☞ かぼちゃ（ウリ科カボチャ属の野菜）。かぼちゃ、ズッキーニを含む。

16 | Salad ─ サラダ

① サラダ ② レタス、サラダ菜、青野菜 ③ 寄せ集め

I was very aggressive in my salad days.
若かりし時は血気盛んだった。

📖 決まり文句・イディオム表現 📖

salad days：経験の浅い青年時代、若くて活気のある時期、サラダの緑の色は経験の浅さを連想される

――― カルチャーノート ―――

米国をはじめ、昼食をサラダだけで済ませる人が多くいます。サラダには"人が生きて行くうえで塩と同じように必要不可欠なもの"という意味がこめられています。また、新鮮でみずみずしいというイメージがあるので、英語ではsalad dayとして、「若くて駆け出しの頃、ほろ苦い青春時代」といった意味をもたせることがあります。

数多いサラダの種類の中でも人気のCaesar salad（シーザーサラダ）は、実はカエサルとは何の関係もありません。1920年代にメキシコの「シーザーズ・パレス」のレストランで、ほとんどの食材が底をついてしまい、このレストラン・ホテルのオーナーであるシーザー・カーディーニが、仕方なく余っていたレタスにガーリックオイル、レモン、パルメザンチーズ、クルトンとコショウをかけて、一つのサラダを作り上げたのが始まり。10年後、彼は娘と共にオリジナル・シーザー・ドレッシングの販売を始めました。このドレッシングは、いまでもアメリカ中のスーパーで手に入れることができます。

🍳 クッキングメモ

新鮮な野菜は自然の薬。パンと肉食が多い欧米人にとって、サラダは腸の働きを助け体調を整える"薬"とされてきたと言われています。低カロリーで、ビタミン・ミネラル・食物繊維などの栄養も豊富なサラダ。木の実や豆類、海藻などの食材を組みあわせ、薬効効果に優れたオリジナルサラダをつくってみてはいかがでしょう。ちなみに、健康な毎日を過ごすために、1日350gの野菜を摂ることをおすすめします。

関連表現

salad bowl ☞ サラダボール、(米) 各人種が独自性を保ちながら共存している国や地域（例：ニューヨーク市）。

◆ サラダドレッシングいろいろ ◆

French—オリーブオイルかサラダオイルにレモン汁あるいは酢、オレンジジュース、摩り下ろした玉ねぎのみじん切りを混ぜ合わせたもの。

Oil & Vinegar—オリーブオイルかサラダオイルに酢、塩、コショウを混ぜ合わせたもの。

Ranch dressing—マヨネーズと牛乳・バターミルクをベースにしたとろみのあるドレッシング。サラダのみならず、ピザやパンにもよく合う。

Thousand Island—マヨネーズ、生クリーム、ゆで玉子、セロリ、玉ねぎのみじん切り、チリソースを混ぜ合わせたもの。

Italian—Oil & Vinegarににんにくを混ぜ合わせたもの。

Blue Cheese—マヨネーズ、レモン汁、生クリーム、ブルーチーズを混ぜ合わせたもの。

17 | Tomato ―トマト

① トマト ②美人、美少女

> **There're many tomatoes to root for our basketball team.**
> 俺達のバスケットチームを応援してくれる
> たくさんの可愛い子ちゃん達がいる。

カルチャーノート

「トマトは野菜か果物か？」とよく議論されますが、ナス科トマト属の1年生果菜で、立派な野菜です。トマトの赤色は、「リコピン」という色素によるもので、昼と夜との寒暖の差が大きいほど鮮やかさが増します。また、日照時間が長ければ長いほどよりおいしくなるのは、トマトの大きな特徴のひとつです。豊富に含まれるカロテンが、肌の老化を防ぎ、アンチエイジングに効果ありとも言われ、フランスでは「愛のりんご」、イタリアでは「天国のりんご」と呼ばれ親しまれています。

クッキングメモ

そのまま食べてもよし、加熱しても良しと、調理の幅が非常に広いのがトマトの特徴。たくさん買ってしまった場合は、冷凍庫で保存してみましょう。水洗いだけで皮がペロンと簡単に剥けるようになるので、加熱調理用として、缶詰のような感覚で使えます。普通のトマトに比べ、ミニトマトのほうがビタミン含有率が高いとは、興味深いところです。

■ **tomato concentrate**　濃縮トマト

◆◆◆関連表現

egg and tomato ☞ （嫌な人に）玉子やトマトをぶつけること。

コラム―トマトの秘密、トマトってスゴイ

　野菜をよく知ると「お、野菜ってなかなかヤルじゃない」とあらためて実感します。たくさんある野菜の中で、その魅力を伝えるため、ここではトマトを取り上げてみましょう。

　トマトには、色素成分である「黄色のカロテン」と「赤のリコピン」が含まれています。この赤のリコピンは、抗酸化物質で、その力はβカロテンの2倍、ビタミンEの100倍とも言われています。抗酸化物質は、動脈硬化が原因で起こる高血圧や脳卒中、心臓病などの生活習慣病予防に効果を発揮します。

　また、トマトに含まれている「クエン酸」や「リンゴ酸」は、食欲を増進するだけでなく、胃のむかつきを抑えたり、疲労物質を取り除く働きがあります。例えば、お酒を飲み過ぎた翌日の二日酔い。これは、アルコールで胃粘膜が炎症を起こしているせいですが、そんなときトマトジュースを飲むとすっきりしませんか。それは、トマトがその炎症をしずめ、さらに解毒作用も高めてくれるからです。また、脂っぽい食べ物による胃もたれも、トマトが消化を促進してくれ、症状を速やかに改善してくれます。

　そして、女性にうれしい情報。トマト100g中に200mg含まれているというビタミンCは、肌をシワやたるみから守るコラーゲンを作りだすのに役立ます。つまり、トマトを食することは、肌の張りを保ち、また肌荒れを防ぐことにつながるのです。

　このように、トマトはびっくりするほど人の身体にいろいろな作用をもたらします。では他の野菜は……？ともうすでに興味を持ち始めた方もいるのではないでしょうか。おいしくて、体によくて、おまけにキレイになれるうれしい食べ物＝野菜と、もっと向き合い、もっとよく知って欲しいと思います。

18 | Vegetable —— 野菜

① 野菜 ② 無気力な人 ③ 植物状態の人間

> **Many young people in Japan
> lead a vegetable existence.**
> 多くの日本の若者が無気力な生活をしている。

📖 決まり文句・イディオム表現 📖

lead a vegetable existence = become a mere vegetable：無気力な生活をする

to be a vegetable：植物状態の人間になる

"If she had survived the serious injuries she got in the plane crash, she would have been a vegetable for the rest of her life."

「飛行機事故での重傷で生死は免れても、彼女の残りの人生は植物状態になるだろう」

―― カルチャーノート ――

　欧米（特に女性）では vegetarian（菜食主義者）がたくさんいるのでゲストを招く際などには、事前に好みを確認したほうが無難です。肉類そのものだけでなく牛乳・チーズ・玉子など、動物性のものを一切口にしない人もいます。

　飽食の国日本では、偏った食生活が原因で生活習慣病になる人が急増しています。三大栄養素（たんぱく質・脂質・糖質）以外に必要とされているのはカロテン、ビタミンC、カリウム、食物繊維など。これらの栄養素を豊富に含んでいる野菜を、目標値として1日350gを摂ることをおすすめします。

🎥 クッキングメモ

人の身体のリズムと、季節の野菜は密接につながっています。冬には、冬眠状態になっている新陳代謝の悪い身体に食物繊維が多く含まれている根菜類、春には、眠っていた細胞を目覚めさせるために必要なアルカロイドを含む山菜類、また、夏には、暑さのためバランスを崩した身体をサポートするため水分が豊富な夏野菜、そして、秋には、夏バテ解消と冬に備えるためビタミンを多く含む野菜など、人は、自然がもたらす季節の野菜を食べることによって、健康な生活を送ることができます。

■ **Vegetables taste best when they are in season.**
野菜は旬が一番おいしい

■ **vegetable peeler** 野菜皮むき器

■ **vegetable plate** 野菜料理（コース）。数種類の野菜を料理し、一皿に盛りつけた肉を用いないメインコース

◆◆◆関連表現

organic vegetables ☞ 有機栽培の野菜、無農薬野菜。
vegetable gelatin ☞ 寒天（agar-agar）。
vegetable sponge ☞ 糸瓜。

■ Vegetarian について

ベジタリアンの分類は大きく4種類あります。

1. **ビーガン（Vegan）**：動物のものは一切食べない・身に付けない。
2. **ラクト・ベジタリアン（Lacto-Vegetarian）**：植物性食品に加えて乳・乳製品などを食べる。

3. **ラクト・オボ・ベジタリアン（Lacto-Ovo-Vegetarian）**：植物性食品と乳・卵を食べる。欧米のベジタリアンの大半がこのタイプ。
4. **ペスクタリアン（PESCETARIAN）、ペスコ・ベジタリアン（Pesco-Vegetarian）**：植物性食品と乳・卵に加え魚介類を食べる。通称、フィッシュ・ベジタリアンと呼ばれる。魚介類のほかに鶏肉などを食べる人たちがいて、デミ・ベジタリアン（デミベジ）またはセミ・ベジタリアンやオールモースト・ベジタリアンなどと呼ばれている。

コーヒーブレイク

★ほうれん草とポパイ★

アメリカン・コミックの代表的なキャラクターは？と聞かれて、水兵のポパイを思い浮かべる人も少なくないでしょう。ポパイは、エルジー・クリスラー・シーガー（Elzie Crisler Segar）により、1929年に生み出されたヒーローです。ポパイは困難に直面すると、ほうれん草（spinach）の缶詰を一気に飲み込んで、有名な音楽「♪ポパイ・ザ・セーラーマン」とともに超人的なパワーを生み出し、悪モノをやっつけます。ポパイのほうれん草パワーは、母親が子供に、野菜の必要性を説くのにうってつけでした。ほうれん草の缶詰は、実はドロドロで、お世辞にもおいしいとは言えません。ちなみにテレビ放映のスポンサーは、ほうれん草の缶詰メーカーだったという話です。

■その他野菜に関する表現

■**beet root**　食用ビーツ。ビートの一種：根が赤く食用としてサラダやピクルスにする。米では red beet。

●**go (turn) beetroot (red)**　(恥ずかしさで) 顔が赤くなる。

●**as red as a beetroot** ☞ 食用ビーツのように赤くなって。

■**cauliflower**　カリフラワー。

●**cauliflower cheese**　カリフラワーチーズ (カリフラワーにチーズ入りホワイトソースをかけた一種のグラタンで、熱くして食べる)。

●**cauliflower ear**　カリフラワー耳。耳が極端に腫れ上がって変形している状態で、格闘技の選手に多い。boxer's ear。

■**garlic**　ガーリック。

●**garlic powder**　ガーリックパウダー。

"The smell of garlic takes away the smell of onions."《ニンニクの臭いはタマネギの臭いを消す》「毒を以て毒を制す」。

●**Good seed makes a good crop.** ☞《よき種はよき作物をつくる》

■**lettuce**　レタス。(米俗) 現なま。

■**parsnips**　パースニップ。

"Fine (fair, kind, soft) words butter no parsnips."

《口先でうまいことを言っても役に立たない。行動が言葉よりも大切》

Chapter 3

肉で知る英語表現

1 | Bacon ―ベーコン

① ベーコン

> **My mother brings home the bacon.**
> 母が家計を支えています。

📖 決まり文句・イディオム表現 📖

bring home the bacon：生活費を稼ぐ・成功する

"I want my daughter to marry a man who could bring home the bacon."「娘にはきちんと生計が立つ男と結婚してもらいたい」

"The opposition leader was forced to return home without the bacon since the negociation with China broke down."
「中国との交渉が決裂したので、野党党首は手ぶらでの帰国を余儀なくされた」

――― カルチャーノート ―――

ベーコンは、豚のばら肉を塩や香辛料に漬け込んだあとにスモークして作られます。ベーコンという名は古フランク語baco（ハム、豚のわき腹肉）に由来し、「豚の背肉」が原義です。ベーコンの歴史はとても古く、その起こりは肉の脂の多い部分を塩漬けにしたあと、炉の上につるして保存していたところ、自然にベーコンのようなものができたのが始まりです。スモークすることで熟成し、発色、風味ともに増し、保存性も高まります。豚肉が持つ栄養素は、ベーコンになってもそのまま引き継がれ、疲労感やイライラを解消するビタミンB_1が豊富です。

🍳 クッキングメモ

手軽に摂れるたんぱく源であるベーコン。ご存じのとおり卵料理や、さまざまな野菜と一緒にスープやスパゲッティにと、とても重宝する食材です。もともと塩味がついているので、塩加減は味見をしながら調整しましょう。

- **bacon and egg (s)** ベーコンエッグは玉子が複数の場合、egg (s) and baconとも言います。欧米における朝食の定番メニュー。
- **green bacon** スモークされていない塩漬けのベーコン

◆◆◆ 関連表現

save one's bacon (俗) ☞危うく難を逃れる、命拾いをする、(人) を危機から救う。

sell one's bacon (俗) ☞体 (身) を売る。

What's shakin' bacon? ☞やあ、元気かい？

2 | Beef —牛肉

① 牛肉 ② 不平（をいう）

> **What's your beef ?**
> 何か文句ある？

📖 決まり文句・イディオム表現 📖

名詞（不平）、動詞（不平を言う）どちらでも使います。

have a beef：文句がある（about something）

Stop your beefing !：文句をたれるのはやめろ！

beef up（話）：増強する（= strengthen, reinforce）

"The Federal Government decided to beef up the military."
「連邦政府は軍備の増強を決めた」

カルチャーノート

日本では牛肉は霜降り（marbled）が重宝がられますが、米国では脂身のない赤身（red meat）の人気があります。日本国内で供給されている牛肉の約半数は輸入によるもので、オーストラリアが最大の輸入元です。ちなみに子牛肉はヴィール（veal）と言います。人間のカラダを構成するアミノ酸は、その数およそ20と言われ、そのうち体内ではほとんど合成されないアミノ酸『必須アミノ酸』が8種類あります。牛肉には、その『必須アミノ酸』8種類がすべて含まれているので、アミノ酸の補完に最適な食材です。さらに、鉄分なども豊富です。

🍳 クッキングメモ

肉は部位によって含まれる栄養素が異なります。ヒレ、もも肉は低脂肪で高たんぱく、ヒレはロースよりも鉄分が多く、すね肉はエラスチンやコラーゲンが豊富に含まれています。すね肉をセロリやピーマンなどの野菜と一緒に時間をかけて調理すると、美肌に効果的な一品になります。

- **beef jerky**　ビーフジャーキー
- **beef tea**　(病人用の) 牛肉スープ
- **beef tongue**　牛タン = ox tongue
- **beef tail soup**　テールスープ = ox tail soup
- **beef Wellington**　ビーフウェリントン (牛ヒレをフォアグラのパテで覆い、さらにパイ皮などで包んでオーブンで焼いたもの)

◆ 関連表現

beef-brained ☞ 愚鈍な。

beef cake (米俗) ☞ 男性の肉体美写真。

beef cattle ☞ 肉牛。食肉用の牛。

beef eater ☞ 英国王の護衛兵、ロンドン塔の守衛、(米俗)英国人。

beefer (米俗) ☞ 不平家、告発者。

beef-headed ☞ ばかな (stupid)。

beef to the heels (knees) ☞ (人が) 太りすぎて。

Beef State ☞ 米国ネブラスカ州 (Nebraska) の俗称。

beef session ☞ 苦情 (抗議) 集会。

Where's the beef? ☞ 真意を何か、逮捕の容疑は何だ。

3 | Chicken ― 鶏肉

① 鶏肉 ② 臆病者、弱虫

> **Don't be chicken.**
> おじけづくな。

📖 決まり文句・イディオム表現 📖

be chicken：びくびくする

"Don't be such a chiken ! Go for it !"

「弱音を吐くなよ。やってみようよ」

be no spring chicken：そう若くはない

"My aunt looks young, but actually, she is no spring chicken."

「叔母は若く見えるが、実際はそう若くはない」

turn chicken：おじけづく

"He turned chiken and left the place."

「彼はおじけづいて、その場を立ち去った」

カルチャーノート

chicken で一番覚えておくべき意味は「臆病者」です。映画「バックトゥーザフューチャー」で主人公が "chicken!" と呼ばれる度に表情が変わる場面を思い出します。戸田奈津子さんの日本語字幕では「腰抜け」となっていました。

世界中でもっとも多くの民族が食べているという鶏肉は、牛肉や豚肉の数倍ものビタミンAを含んでいます。とりわけビタミンAが豊富な部位は、モモ肉より脂肪の少ないムネ肉。また、脂肪は多めですが、手羽先にはコラーゲンがたくさん含まれています。

🍳 クッキングメモ

鶏肉は大きくモモ肉、ムネ肉、手羽、ササミに分類されます。モモ肉は脂分が多く歯ごたえがあり、ムネ肉は脂が少な目であっさりしています。手羽はコラーゲンが豊富で、ササミは低脂肪、高たんぱくでさっぱりしています。ササミは中央に筋があるので、それを取り除いて使いましょう。鶏肉をよく見ると、肉の繊維が平行に走っているのがわかります。包丁で切り分けるときは、この繊維を断つように切ると、味わいも良く食べやすくなります。

■ **chicken a la king** アラキング風チキン（鶏の胸肉にマッシュルーム、ピーマン入りクリームソースをかけた料理）

■ **chicken divan** 鶏のディパン風（骨なし鶏の胸肉とブロッコリーまたはアスパラガスにチーズ入りソースをかけて蒸し焼きにしたもの

■ **chicken kiev** 鶏のキエフ風（骨なしの鶏の胸肉にバターを包んで揚げたロシア料理）

◆ 関連表現

a game of chicken ☞ 度胸試し。

chicken-brained ☞ まぬけな、了見の狭い、想像力に乏しい。

chicken feed ☞ （家禽）のえさ、（俗）はした金。小銭。

chicken hearted ☞ 臆病な、心のやさしい。chicken heart ：臆病者。

SMAPの大ヒット曲「lion heart」は、その反対の「勇敢な」意味で使っているのだろう。

chicken ladder ☞ （屋根、足場などの）登り板。

Chicken

Chicken Little ☞（災害が迫っていると警告する）悲観論者。杞憂人（落ちてきたどんぐりが頭に当たり、天が落ちてきたと思いこんだ若いめんどりの物語による）。

chicken livered ☞臆病な、意気地なしの。

a chicken-livered guy ☞ノミの心臓をもつ男。

chicken out（米話）☞尻込みする、おじけづいてやめる。
"He chickened out on the M & A plan at the last minute."
「彼は土壇場になっておじけづき、そのM & A計画から手を引いた」

chicken money（俗）☞小銭、はした金。

chicken neck、chicken's neck（俗）☞小切手（cheque）。

chicken pox ☞水ぼうそう、水痘。

chicken shit（俗）☞ささいな、取るに足らない、臆病者、意気地なし。

chicken thief ☞こそ泥、みみっちい泥棒。

chicken wire ☞（六角形の網目のある）金網。

chickie（米俗）☞若い女。

chicklet（米俗）☞若い女性、娘。

get it where the chicken got the ax ☞ひどい目にあう、さんざんやっつけられる。

go to bed with the chickens ☞夜早く寝る、「ニワトリと同じときに寝る」の意から。

like a hen with one chicken (chick) ☞つまらぬことに騒ぎたてて。

one's chickens have come home to roost ☞因果応報。納屋の周りをまわっている鶏も、寝るときには鶏小屋に帰ってくることから。

"Don't speak ill of others. Chickens come home to roost."

「他人の悪口を言うのはよしなさい。人を呪わば穴二つと言うでしょう」

play chicken ☞ （最初に尻込みするほうを負けとする）度胸試しをする。

run around like a chicken with its head cut off
☞ 慌てふためいてあちこちに走り回る。

"When the employees realized their company had gone into bankruptcy, they began running around like chickens with their heads cut off."

「従業員たちは会社が破産申告をしたことを知り、慌てふためいて右往左往しはじめた」

running(rushing)about like a headless chicken
☞ 冷静に考えることができず取り乱して。

◆ 鶏に関する諺・名言・名句 ◆

Don't count (or Count not) your chicken before they are hatched (before they hatch).

《卵がかえらないうちにヒヨコの数を数えるな》「捕らぬ狸の皮算用」

"if you really believe you can make money as easy as that, you're counting your chickens before they hatch."

「もしもそんなに簡単に金儲けが出きると思うなら、取らぬ狸の皮算用だよ」

Which came first, the chicken or the egg?

《卵が先か鶏（にわとり）が先か》

4 | Duck — かも

① かも ②（かもがするように）頭をひょいと下げる
③ 素早く動く

He's a lame duck president.
彼は（再選挙に敗れた）任期満了の大統領だ。

📖 決まり文句・イディオム表現 📖

a lame duck：役に立たなくなった人、任期がもうすぐ切れ、後任者がすでに決まっている議員、経営破綻の会社
a dead duck：おだぶつ（になる運命にある人、モノ）
　"His company is a dead duck." 「彼の会社は倒産同然だ」
Duck！：かがんで（緊急事態の表現）
duck：素早く動く（in、out、into）
　"When she's pressed for time, She ducks into the nearest McDonald's."「彼女は時間がないとき、最寄りのマックへかけ込む」

――――カルチャーノート――――

　一般的に鴨肉として店頭に並んでいるのは、"アオクビアヒル"と"マガモ"を荒廃させた合鴨です。不飽和脂肪酸やビタミンA、B_2が多く含まれていて、コレステロール値を抑えたり、脂肪太りを防ぐといった効能を持っています。ところで、世界三大珍味と言えば、「キャビア・フォアグラ・トリュフ」。フランス語でフォア（Foie）は肝臓、グラ（Gras）は肥大したという意味。ソテーやテリーヌなど鴨の肝臓フォアグラは代表的なフランス料理です。

🍳 クッキングメモ

鶏肉に比べ油っぽく、独特の香りと甘さが鴨肉の特徴といえるでしょう。鴨肉とねぎは相性がよく、ねぎの成分が、鴨肉のビタミンB_1の吸収率をアップさせると言われています。また、長時間火を通し過ぎると肉が硬くなり、本来の風味が損なわれてしまうので、調理の際はご注意ください。

◆◆関連表現

break one's duck (クリケット) ☞最初の得点を上げる、(一般に) まず最初の足がかりを得る。

Can a duck swim? ☞当たり前だ→答えのわかりきったばかげた質問に対して用いる。

duck and dive ☞巧妙な手を使う。

duck's disease (俗) ☞短足。

duck's breakfast ☞水の一飲み。

duck out of ☞の責任をかわす。

get (have) (all) one's ducks in a row ☞用意万端整える。

like a dying duck in a thunderstorm ☞面食らって。

like water off a duck's back ☞カエルの面に水。

lovely weather for ducks ☞雨天。

play ducks and drakes with ☞(金を) 浪費する

take to somthing like a duck to water ☞(かもが水を好むように) きわめて自然に〜に慣れる (を学ぶ)。

5 | Lamb ——子羊の肉

① 子羊 ② おとなしい人

> **Our dog is as gentle as a lamb with the children.**
> うちの犬は子供たちには、羊のようにおとなしい。

📖 決まり文句・イディオム表現 📖

as gentle (quiet) as a lamb：羊のようにおとなしい

in two shakes of a lamb's (duck's) tail：たちまち

子羊はしっぽをすごい速さで2回振ることから

"I'll be there in two shakes of a lamb's tail."
「すぐにそこに行くよ」

カルチャーノート

　生後1年未満の子羊を「ラム」、1年以上の羊を「マトン」といいます。ラムは柔らかくクセがない肉として人気があります。羊肉の良質なたんぱく質とビタミン、ミネラルとが、総合的にカラダに良い働きをすることから、中国では体力が弱ったときに「体を温めて健康を取り戻すための食材」と言われています。

📷 クッキングメモ

最近店頭でも見かけるようになった羊肉ですが、良し悪しを見分けるポイントは、次の3つです。購入の際は、①ツヤがある②鮮やかな紅色③真っ白な脂肪、をチェックしましょう。独特の臭いは主に脂質にあるので、あらかじめ脂

を取り除き、ハーブや味噌などで調理するとおいしくいただけます。

◆◆関連表現

a fox in lamb's skin= a wolf in sheep's clothing ☞ 羊の皮をかぶったオオカミ、(敵意を隠した)偽善者。

like (as) a lamb (to the slaughter) ☞ (屠場にひかれる子羊のように)従順に、(目前の困難にも気づかず)無邪気に、おとなしく。

lamb down (豪口語) ☞ (金を)使ってしまう、浪費する、有り金をすっかり使わせる。

◆ 子羊に関する諺・名言・名句 ◆

As well be hanged for a sheep as a lamb. ☞《子羊を盗んで縛り首になるくらいなら、親羊を盗んで縛り首になったほうがまし》「毒を喰らわば皿まで」

God tempers the wind to the Shorn Lamb.《神は毛を刈らせた羊には風を弱らしむ；天道人を殺さず》(天はどんな人でも見捨てることはない)

6 | Meat ── 肉

① 肉 ② 要点

> **Traveling is Kazumi's meat and drink.**
> 旅行は和美の心のよりどころになっている。

📖 決まり文句・イディオム表現 📖

be meat and drink to a person：〜に楽しみなこと

ミートはたんなる「肉」ではなく「食べ物」一般を指しています。meat and drink は「肉体を維持するのに不可欠なもの」、さらに発展して「心の糧」という意味で使われます。

meat and potatoes：基本、根本、太った人

"a meat and potatoes problem"「基本問題」

カルチャーノート

日本における食肉文化が始まったのは明治以降です。日本人に足りない動物性のたんぱく質を、ハム・ソーセージを食べることで補い、小柄な日本人を欧米の人に比べて見劣りしない立派な体型に改良させられると、当時日本に住むドイツ人が考えたようです。

🍳 クッキングメモ

生肉は冷蔵されている間に熟成しておいしいお肉になります。熟成とは、中の酵素が繊維を分解してうまみ成分を増やしていくことです。熟成しているかどうかを見分けるのは意外と簡単で、熟成していない肉は赤身が透き通ってお

り、熟成が進むと透明感がなくなります。いったん冷凍すると熟成はストップし、解凍してからは再び熟成をはじめることはありません。

◆◆◆ 関連表現

all that meat and no potatoes（米俗）☞ 特に太った人。
a piece of meat（米俗）☞ 体だけ一人前のやつ、でくのぼう。
before / after meat ☞ 食事のすぐ前（後）で。
one's meat（米俗）☞ 特に好きな（得意な）こと（もの）。
meat and two veg（英）☞ 肉とポテトと野菜からなる英国の伝統的メインディッシュ。(俗) 男性性器。
meat ball ☞ 肉だんご。フィンランドが発祥である。(米俗) 退屈な人、まぬけ。
meat ball surgery（米俗）☞ 不器用な（能力のない）外科医。
meat eater（米俗）☞ 賄賂を求める腐敗した警官。
meat for worms = worm's meat = cold meat ☞ 死体。
meat head（俗）☞ ばか、とんま。
meat house ☞ 売春宿。
meat market ☞ 精肉市場、セックスの相手を求める溜まり場。
meat packer ☞ 精肉業者。
meat puppet（米俗）☞ 売春婦。
meat ticket ☞ 銀行で指定されている顧客が銀行口座に払い込んだ現金の額を示す小さな方形の証票。
meat wagon ☞ 救急車、霊柩車。
meat works（NZ）☞ 屠蓄冷凍工場。
not have much meat ☞ あまりに肉付がよくない。

"George doesn't have much meat on him."
「ジョージはあまり肉付きがよくない」

sit at meat ☞ テーブルに着席する。

the meat in the sandwich （英）☞ 間にはさまって非常に困った立場に置かれていること、板ばさみになった人。

◆ 肉に関する諺・名言・名句 ◆

All meat pleases not all mouths.《すべての肉がすべての人の口に合う訳ではない》

Much meat, much malady (or disease).《大食らいをすると病気も多い》

One man's meat (or gravy) is another man's poison.《甲の薬は乙の毒》（好みは人さまざま）

They that have no other meat, bread and butter are glad to eat.《ひもじい時にまずい物なし》（他に食べ物がない者にとって、バターを塗ったパンはご馳走である）

When meat is in, anger is out.《肉が来ると怒りはおさまる》

7 | Mutton ——マトン、羊肉

① マトン、羊肉（成長したヒツジの肉）② （話）の本題

> **Many pepole bought shares in that company, However it was mutton dressed up as lamb, and they were cheated.**
> 多くの人がその会社の株式を購入したが、その会社は利益が出るように見せかけていただけで、実際は粉飾されていた。

📖 決まり文句・イディオム表現 📖

mutton dressed (up) as lamb：（セクシーに見せようと）若づくりの年増の女。見せかけだけよくみせること

to return to one's muttons (英)：さて本題に戻って

"Let's return to the muttons." 「本題に戻りましょう」

―カルチャーノート―

生後1年以上の羊を「マトン」と言います。生後1年未満の「ラム」はさまざまな料理で重宝されていますが、マトンは肉質が固く臭いというイメージがあります。これは従来、冷凍の鮮度管理が非常に難しく、ちょっとしたことで強い臭いが出てしまうところから、そのような認識を一般的にしてしまったようです。現在は、冷凍技術の発達にともなって本来のマトンが味わえるようになっています。

🍳 クッキングメモ

> マトンと言って思い浮かぶのは「ジンギスカン」。丸い肉はロールマトンと呼ばれ、近頃では比較的手に入りやすくなりました。羊肉は、食肉の中でもっとも多く「カルチニン」を含みます。カルチニンは体内の脂肪燃焼を促進する作用があるため、ダイエットに効果的です。

◆◆関連表現

as dead as mutton ☞(やや古) 完全に死んで、(人・考え・場所などが) おもしろくない、完全にすたれた。

be one's muttons (NZ) ☞自分の長所(利点)となる。

eat [take] one's mutton with (古) ☞〜と食事をともにする。

hawk one's mutton ☞(女性が) 男をあさる。

hook one's bait = hook one's muttons (俗) ☞女性が男を飽きる。

mutton chops ☞羊肉形のほおひげ。

mutton head (話) ☞まぬけ。

give the cold shoulder ☞「冷たくあしらう」「よそよそしくする」という意味だが、ここのshoulderは人間ではなく羊の肩を指す。長居をする客に、冷えた羊の肩肉を出して早く帰ってくれるように仕向けたことに由来。

8 | Pork ― 豚肉

① 豚肉 ②（米俗）(政治的配慮で与えられる) 助成金、国庫交付金 ③（米俗）警察、サツ

> **There are too many pork barrel politicians.**
> 地元利益誘導型の政治家が多すぎる。

📖 決まり文句・イディオム表現 📖

pork barrel（形）：政治家などが利益誘導型の、人気取りの（米話）地方開発政府補助金（事業）

pork barreling（米俗）：国庫交付金［地方開発金など］を政策的に議員の選挙区に与えること、私的（地盤固め）に利用すること

pork barreler：政府助成金を私的に利用する議員

pork chopper（口）：主に私的利益、役得を追求する議員（政府高官）

buy a pig in a poke：品物をよく確かめないで買う

"When you select a used car, never buy a pig in a poke."
「中古車を購入するとき、品物をよく確かめないで絶対買っちゃだめだよ」

昔、英国で農民は豚を売るとき、小袋（poke）に入れて運んでいました。中には発育の悪い子豚や猫を袋の中に入れて売る悪徳者もいて、豚が逃げるから中身を見せられないと嘘をつきました。そこで "buy a pig in a poke" は「中身を確かめないで買う」という意味で使われるようになりました。

―― カルチャーノート ――

牛肉の10倍ものビタミン B_1 を含む豚肉は、疲労回復に大変効果的です。沖縄は、豚肉消費量が日本一ですが、これは、同県の平均寿命も日本一であることに貢献していると考えられています。体内でビタミンB_1が不足すると、糖質がうまく分解できず、乳酸などの疲労物質がたまり、疲れやすくなります。

クッキングメモ

ビタミンB_1は水や熱に非常に弱く、体内で一度に吸収できる量に限りがあります。アリシンやマグネシウムを含む、にんにく・にら・ねぎ・たまねぎ・豆腐・ナッツ類、そして昆布などと一緒に摂ると吸収率がアップします。豚肉を上手に料理に取り入れることにより、日頃の疲労を軽減することができるのです。

■ **pork burger**　豚のひき肉、ポークバーガー

◆◆◆関連表現

pork（動詞）（米俗）☞ たらふく食べる（out, on）。
porky（形容詞）☞（豚のように）肥えた、でぶの（fat）、（俗）生意気な。

9 | Sausage —ソーセージ

① ソーセージ（腸詰め）② (米)（侮蔑）ドイツ人 ③ (英)
〜ちゃん（子供への愛情を込めた呼びかけ）④ （親愛を込め
て）おばかさん ⑤ （放送俗）急造コマーシャル

> **Clark's not crazy, just a silly sausage.**
> クラークは狂っている訳ではない。ちょっとおばかさんなだけさ。

📖 決まり文句・イディオム表現 📖

Silly sausage!：おばかさん

not a sausage（英古）：少しも〜ない（nothing at all）、

"Employment advocate dines out, but not a sausage for workers."
「雇用推進論者は外食したが、労働者たちへの配慮している素振りなどまったく見せなかった」

have not a sausage：無一文だ

"There is nobody not to have a sausage in Japan."
「日本においては無一文の人などいない」

カルチャーノート

きわめて古くから知られている食品のひとつソーセージは、ドイツ語でWrust（ヴルスト）、フランス語でSaucisse（ソーシス）、スペイン語でKorb（コルブ）、ポーランド語でKielbasa（ケルバサ）、ハンガリア語でKorbas（コルバス）、ロシア語でKarbas（カルバス）などと呼ばれています。根っからのソーセージ好きのドイツ人には「ソーセージ食らいWurstfresser」という愛称があります。

🍳 クッキングメモ

ソーセージの食べ方はさまざまです。油をひかずに、コロコロとゆっくり焼いたり、80℃の湯で4～5分ボイルしたりと、手軽に楽しめます。また、野菜スープや煮込み料理などは、ソーセージからだしが出て、おいしくいただけます。ドイツには、ソーセージの付け合わせとしておなじみのキャベツ料理「ザワークラウト」があります。胃腸薬にもなっているキャベツの成分ビタミンUが消化を助けてくれるのです。ソーセージとキャベツは非常に相性が良いとされています。

◆◆◆関連表現

sausage hound(米俗) ☞ ダックスフンド（dachshund）。

sausage machine ☞ (1)ソーセージ製造器（sausage stuffer）。(2)画一的な製品を作るもの、画一的な考え（人間）を生み出す機関。

sausage and mash ☞ 現金、現ナマ、現金化する（cash）。

sausage roll ☞ 失業手当（dole）。

10 | Stew ― シチュー

① シチュー ② 気をもむこと、苦境

> **Leave John to stew.**
> ジョンを助けてやる必要はない。

📖 決まり文句・イディオム表現 📖

stew in one's (own) juice：自業自得で苦しむ
let a person stew in one's own juice（話）：(自業自得だから) 勝手に苦しませておけ（助けてやるな）= leave person to stew

―― カルチャーノート ――

14世紀に流行していた「トルコ式蒸し風呂」を指していたstew（ステュー）が15世紀に肉・魚・野菜などを煮込んで作る汁物の料理を指す用語となりました。基本的に素材が大きめに切られ、前菜ではなく、メインディッシュとして食べられるものをシチューと呼びます。

🍳 クッキングメモ

シチューは、肉や魚、野菜などの素材のうまみと栄養分を逃すことなく食べることができる料理です。特に、不足しがちなビタミンやミネラルがたっぷり含まれています。シチューにすることにより、一度にいろいろな野菜を摂取でき、さらに、お互いの栄養の相乗効果が得られます。

■ **stew pot** シチュー鍋

◆◆◆関連表現

A stew of people of every race ☞ あらゆる人種の混合。

get (oneself) into a stew ☞ やきもきする。

be (get) in a stew over (about) the missing dog ☞ いなくなった犬のことで気をもんでいる（もむ）。

in a (terrible) stew over ☞ にひどくやきもちして。

stewed ☞ とろ火で煮込んだ、（茶が）出すぎた、へべれけに酔った。

11 | Turkey ── 七面鳥

① 七面鳥 ② 品質の悪いもの ③ 失敗投資(値下がり証券、うまくいかない事業)

> **Debora always talks turkey with her boss.**
> デボラはいつもボスに対してはっきりモノをいう。

📖 決まり文句・イディオム表現 📖

talk (cold) turkey(米俗):率直(事務的)に話す(speak frankly)、歯に衣着せずに言う、coldがつくと意味が強まる

quit something cold turkey:(酒、麻薬、たばこなどを)ぴたっとやめる

"My new PC turned out to be a turkey."
「新しいPCは不良品だった」

not say turkey(米口語):一言も話さない、うんともすんとも言わない

"The suspect did not say turkey."
「その容疑者は一言も話さなかった」

カルチャーノート

ターキーは、米国の食肉としてとてもポピュラーです。七面鳥の丸焼き、ローストターキーは、感謝祭やクリスマスに欠かせないご馳走ですが、余って翌日に持ち越されるとcold turkeyと呼ばれ、サンドイッチの具として利用されます。このターキーサンドは、脂肪分が少ないので人気があります。ただし俗語で言うcold turkeyとは、ジョン・レノンの曲にもあるように、麻薬の禁断症状で鳥肌がたった状態のことです。

🍳 クッキングメモ

ターキーは、成熟したものより生後5〜6ヶ月の頃のものが一番味が良いとされ、オスの肉のほうがメスに比べて軟らかいと言われています。また、冬に向かって脂がのり、北半球では12月頃に入ると身が引き締まり、クリスマス頃がもっとも味が良くなるのです。

関連表現

like turkeys voting for Christmas ☞ 自滅的な、飛んで火にいる夏の虫のような、明らかに不利になるので避けたい。

walk turkey ☞ 肩で風を切って歩く。(船が) 前後左右に揺れる。

■その他肉に関する表現

■Broth 肉汁
●A broth of boy いかすやつ
"Too many cooks spoil the broth."（料理人が多すぎるとスープがだめになる）「船頭多くして船山に登る」

■Gravy 肉汁ソース
Thanks-givingで食されるローストターキーに添えられる。

●Gravy train ぼろもうけの口
"The young man got(join, ride, board, climb) on the gravy train."「その若者は大もうけの口にありついた」（驚き、喜び、怒りなどで）おや！あきれた！ああ嬉しい！いまいましい！

■Ham ハム
●ham and beef （刑務所の）看守長。
●ham-fisted = ham-handed 不器用な

■Hamburger ハンバーガー
ハンバーガー以外にも「牛肉のひき肉」、「McDonald's社の株」（証券俗）という意味もある。

●hamburger flipper recovery 低賃金に負う英国の1990年代の景気回復。英語でHamburgというとドイツの中心都市の一つであるハンブルグを意味する。hamburg steakと言っても通じない。ハンバーグステーキを注文したいときは、hamburger steakまたはground beef steakと言うように。またハンバーガー用のパンはbreadではなくbunと言う。

■Lord ラード
●a tub of lard ものすごい太っちょ
"That sumo-wrestler is just a tub of lard."「あの相撲取りは、た

だのデブだ」

●**salami tactics** サラミ戦術(組織における好ましからぬ分子の切捨て政策)

●**salami technique** サラミテクニック(電算化横領法・金融取引の記録担当者が実際の金額の端数を切り上げ、あるいは切り下げ、その差額を自分の口座に入れる。薄片を蓄積していくことから)

Chapter 4

魚で知る英語表現

1 | Fish — 魚

① 魚 ② 人、やつ

> **The police aren't going to arrest
> the junior "yakuza" members.
> They have other fish to fry.**
> 警察は下端のヤクザ連中を逮捕するつもりはない。
> 黒幕を捜し出す仕事があるからだ。

📖 決まり文句・イディオム表現 📖

have other (bigger) fish to fry：他にもやるべきもっと大切な仕事（もっと面白いこと）がある

like a fish out of water：場違いで

"I felt like a fish out of water among so many movie stars."
「たくさんの映画スターに囲まれて私はどぎまぎするばかりだった」

"Susan left the company. She felt like a fish out of water there."
「スーザンはその会社を辞めた。彼女は場違いに感じていた」

give someone the fisheye：〜を冷たい目で見る

"Wendy gave the small man the fisheye."
「ウエンディーは、その背の低い男性を冷たい目でみた」

カルチャーノート

　イギリスを代表する料理のひとつに"フィッシュ＆チップス"があります。タラやカレイ、オヒョウなどの白身魚と棒状のいわゆるフライドポテトの組み合わせで、ファストフード的な手軽な食事です。塩と酢をかけるのがポピュラーな食べ方。最近では、フィッシュ＆チップスは高カロリーという理由で、本場のイギリスでも敬遠される向きがあると言われています。

クッキングメモ

脂がのるのは産卵を控えた時期か、寒さに耐えるために脂を蓄えた冬場です。通常、魚は産卵期に沿岸の浅場に寄ってくるのでよく漁にかかるようになります。近海で大量に採れる時期はだいたいおいしい時期と言われています。

■ **fish and chips**　魚のフライとポテトフライ
■ **fish cake**　魚肉だんご

関連表現

a big fish ☞ 大物、重要人物。

a big fish in a little (small) pond ☞ 限られた小範囲でのみ勢力のある人。お山の大将、井の中の蛙。

a cold fish ☞ 冷たい（冷淡な）人。

another (a very different) kettle of fish ☞ まったく関係のない別の話。

a pretty kettle of fish ☞ めちゃくちゃ（で困った状態）。

a queer (odd) fish ☞ 風変わりな人。

(as) drunk as a fish ☞ ひどく酔っ払って。

(as) dumb as a fish ☞ とてもばかな。

drink like a fish ☞ （常習的に）大酒を飲む。

feed the fishes ☞溺れる（to be downed）（「魚の餌食となる」の意から）、船に酔う（to be seasick）。

fish for compliments ☞本心とは異なったことをわざと言ってそれを否定することを言わせて賞賛を得ようとすること。

"I'm not as pretty as Yuko." "What are you saying! You're a million times prettier! You really are fishing for compliments!"
「あたし祐子ほど可愛くないし」「何を言ってるんだ。キミのほうがずっと可愛いよ。ほんとにキミってわざとらしいよね」

fish for information ☞情報を貪欲に探る。

fish in troubled (muddy) water ☞漁夫の利を得る。

fish or cut bait（米）☞どちらかにはっきり決める。

fish out ☞魚を捕り尽くす、を捜し出す。くまなく集める。

land one's fish ☞目的物を手に入れる、大きな成功を収める。「捕らえた魚を引き上げる」から。

(like) shooting fish in a barrel ☞楽々と、いとも簡単に、（争い・試合などが）一方的な。

make fish of one and flesh (fowl) of another ☞あれこれ分け隔てする、差別待遇する。

neither fish nor fowl ☞得体の知れない。字義は「魚でもなければ鳥でもない」

(only) a small fish ☞取るに足らない人、小人物。雑魚。small fry も同義。

"The actress is too snobbish to say hello to small fry like us."
「その女優はお高くとまっているので、俺たち雑魚には「こんにちは」も言わないよ」

There are many other fish in the sea. ☞他にもいい

人はたくさんいる。

There are as good fish in the sea as ever came out of it. ☞今まで出遭ったのと同じくらいいい人が世の中にはいる（失恋した人を慰めるときに使う決まり文句）。

◆ 魚に関する諺・名言・名句 ◆

All is fish that comes to the net.《網に掛かるものはすべて魚》

Clear water breeds no fish.《清水に魚住まず》

Don't cry stinking fish.《腐った魚だと叫んで、安売りするな》。cry stinking fish は、自分（の仕事、商品、職業）を自分でけなす。

Every fish that escapes appears greater than it is.《逃がした魚は大きい》

Forests grow fish.《森が魚を育てる》

Fresh fish and newcome guests smell in three days.《珍客も三日目には居候》（鮮魚と新客も三日いれば鼻につく）

Give me a fish and I will eat today; teach me to fish and I will eat all my life.《魚をくれれば今日食べてしまうが、魚釣りを教えてくれれば一生食べることができる》

Venture a small fish to catch a great one.《海老で鯛を釣る》（鯨を捕るのに小魚を投げる／大魚を釣り上げたいのなら餌をケチるな）

Never forget that only dead fish swim with the stream. —Malcolm Thomas Muggeridge (1903-90)

《常に心せよ、流れに逆らうことなく漂う魚は既に死んでいるのだ》—マルコム・マガリッジ（1903-90）。

No fish is caught twice with the same bait.《同じ手は食わぬ》

The best fish smell when they are three days old.《いくら良い魚でも三日目には腐る》

The best fish swims near the bottom.《一番いい魚は底の近くを泳ぐ》

The charm of fishing is that it is the pursuit of what is elusive but attainable, a perpetual series of occasions for hope. ―Sir John Buchan（1875-1940）《釣りの魅力は、捕まりそうで捕まらないものを追い求め、「今度こそは」と期待できる瞬間が絶え間なく続くところにある》―ジョン・バカン（1875-1940）。

The fish always stinks from the head downwards.《魚は頭から腐る》

The net of the sleeper catches fish.《果報は寝て待て》(寝ている人の網に魚がかかる)

There's always a bigger fish. ―George Lucas (1944-): Star Wars Episode I《いつだってもっと大きな魚がいるものだ》―ジョージ・ルーカス(1944-):『スター・ウォーズ　エピソード1』

Throw out a sprat to catch a mackerel.《サバを捕るには小エビを捨てよ》「海老で鯛を釣る」
小なる犠牲を惜しんだのでは、大きな利益は上げられません。大を得るためには小を捨てよ。

You fish fair and catch a frog.《労（多く）して功（少）なし》

You must lose a fly to catch a trout.《ニジマスを釣るには、毛針を捨てなければならない》

2 | Cocktail ― カクテル

① カクテル

> **The mob hurled Molotov cocktails at the police.**
> 群衆は警察に向けて火炎瓶を投げつけた。

📖 決まり文句・イディオム表現 📖

Molotov cocktail：火炎瓶

元ソ連の外相 V. M. Molotov の名前にちなんだ言葉で、直訳すれば「モトロフのカクテル」である。この武器を最初に使用したのは、1939年、侵入してきたソ連軍に抵抗したフィンランド市民であるらしい。a glass-bottle grenade が同意語。

―― カルチャーノート ――

　カクテルと言えば、「数種類の酒や飲料を混合して作ったお酒」を想像しますが、それ以外にも、シュリンプカクテルなどで知られるオードブルを表す意味があります。魚貝類にソースをかけてグラスに盛ったちょっとお洒落な冷製の前菜です。ところで、この Cocktail ―「雄鶏のシッポ」という言葉がなぜ、お酒の名前になったのか。このことだけで本が一冊できるほど諸説があると言われています。古代エジプトやローマの人々は、酒の誕生とともに、おいしさに加え「薬効」をも求めて、酒と何かを混ぜ合わせることを始めていたそうです。

🍳 クッキングメモ

トマトケチャップやウスターソース、レモン汁を使えば、意外と簡単にできるカクテルソース。フランス料理のオードブル、特にえび、かに、牡蠣などの魚介やサラダ類には欠かせない定番です。さまざまな銘柄の市販ソースが売られていますが、料理に合わせて自由なレシピで作るのも楽しいもの。家庭では、ひとつの素材を、そのつど違うソースでいただけば、味のバリエーションが豊富になり、食べる楽しさが広がります。

- **cocktail hour**　カクテルアワー（ホテル・レストランなどで夕食前、あるいは夕方から夜8時頃までの、カクテルなどの酒類を出す時間）
- **cocktail lounge**　カクテルラウンジ（ホテル・クラブ・空港などでカクテルを出す場所）
- **cocktail stick**　カクテルスティック（カクテル料理用の先の尖った小さな取り具）
- **shrimp cocktail**　小エビのカクテル
- **cocktail party** または **cocktails**　カクテルパーティー
- **shrimp cocktail**　小エビのカクテル

3 | Crab —かに

① かに ② 気むずかしい人 ③ 酷評 ④ しょっちゅう借りる
⑤ (商取引などを) だめにする

> **My music teacher was really crabby.**
> 私の音楽の先生はとても気むずかしかった。

📖 決まり文句・イディオム表現 📖

crabby：気むずかしい、つむじ曲がりの
 "She's crabbing about something." 「彼女は何かごねている」

catch a crab：ボートを漕ぎ損なう
 "I cought a crab in Lake Ashi."
 「芦ノ湖の真ん中でボートを漕ぎ損なった」

draw the crabs (豪)：望まないのに注意を引く =draw the ants　ピクニックに行ってお弁当を広げたら、蟹とか蟻が集まってくることを想像してください。

カルチャーノート

かには，脱皮を繰り返すことによって大きく成長していきます。かにの殻には「キチン」と呼ばれる動物性の食物繊維が含まれており，そのキチンには，脂肪の吸収を高めたり，体の自然治癒力を高めてくれる効果があります。ちなみにタラバガニはヤドカリの仲間。

🍳 クッキングメモ

かにの特徴はうま味成分で、その正体は"グルタミン酸"、"グリシン"です。かに肉にはアミノ酸の一種タウリンが豊富に含まれています。疲労回復をはじめ、血圧やコレステロールを下げる働きもあります。殻にはカルシウムが豊富に含まれているので、殻もまるごと食べられるサワガニなどがおすすめです。ビタミン類はあまり含まれないので、なるべく野菜類とあわせたメニューがよいでしょう。

■ **crab cake** かにの身をほぐして甲羅に入れオーブンで焼いた料理

☕ コーヒーブレイク

★日本人はエビが大好き！★

エビには、クルマエビのように泳ぐエビ類（遊泳類）とイセエビのように歩くエビ類（歩行類）があり、合わせて約2500種類と言われています。アメリカ英語では泳ぐエビはすべて「shrimp」、歩くエビ類は「lobster」と呼ばれています。イギリス英語では、「クルマエビ類」を「prawn」、「小エビ類」を「shrimp」と区別して呼んでいます。「生で良し、焼いて良し、茹でて良し」の海の王様エビ。長い髭と曲がった腰の容姿は長寿のシンボルとされ、縁起の良い食べ物として、古くから神事には欠かせない食材です。

日本人はエビ好きで、輸入量は世界一と言われています。エビの味はたんぱく質を構成するアミノ酸に由来し、体のたんぱく質を構成するアミノ酸組成は、天然も養殖も同じですから、味は変わりません。調理の際は背ワタを必ず取り除きましょう。背ワタが残っていると風味を損ねてしまいます。揚げる場合は尾の先を切り取り、水気をしごき出し油跳ねを防ぐとよいでしょう。

◆fried prawn：エビフライ
◆come the raw prawn：(豪)ペテンにかけようとする

4 | Clam —ハマグリ

① ハマグリ ② 無口な人 ③ (俗) 1 ドル ④ (米俗) 間違い

> **Every suspect tends to clam up at the first stage.**
> 容疑者は誰だって最初のうちは口を閉ざしがちだ。

📖 決まり文句・イディオム表現 📖

clam up：口をつぐむ、だまり込む

"When his mother asked who had broken the vase, Tom clammed up."「花瓶を壊したのは誰なのとお母さんが尋ねたとき、トムは黙り込んでしまった」

button up、button your lip、zip your lips と表現することもできる。

(as) happy as a clam：とても喜んで、幸せで = as happy as a king

"Tom's been as happy as a clam since he met Yuko."

「トムは祐子と出会って以来とても幸せだ」

shut up like a clam：突然口を閉ざす

as close as a clam（米口語）：ひどくけちな

"The landload is as close as a clam."

「その大家さんはかなりの締まり屋だ」

―― カルチャーノート ――

　二枚貝の中でもハマグリは形や模様が微妙に異なり、他のハマグリに合わせることはできないため、古くから「夫婦和合のシンボル」と言われ、祝いの料理に使われています。栄養的には、シジミやアサリと同様に良質のタンパク質を含み、ビタミンB_2やB_{12}、カルシウムや鉄、銅、マグネシウム、亜鉛などのミネラルをバランスよく含んでいます。また、血中のコレステロールと中性脂肪を減らして動脈硬化を防ぎ、肝臓を強化するタウリンも豊富です。

クッキングメモ

ハマグリというと、日本では「焼きハマグリ」や「お吸い物」が有名です。一方欧米では何といっても「クラムチャウダー（clam chowder）」。牛乳で白く仕上げるのはニューイングランドスタイル、トマトで赤く仕上げるのは、マンハッタンスタイル。ハマグリは火を通しすぎるとかたくなるので、最後のほうにいれるとよいでしょう。

■**clam chowder**　クラムチャウダー

関連表現

clam bake（米）☞焼きハマグリパーティー、（米俗）騒々しいパーティー（政治集会）。

clam brain（米俗）☞ばか。

clam flat（米ニューイングランド方言）☞ハマグリの埋まっている浅瀬。

5 | Eel — うなぎ

> **I couldn't get anything in his speech;
> he's as slippery as an eel.**
> 彼の話はとらえどころがない。

📖 決まり文句・イディオム表現 📖

as slippery as an eel：とらえどころがない、捕まえづらい。人間について比喩的に使い「ずる賢い」というニュアンス。

カルチャーノート

うなぎは中世ヨーロッパにおいても高級食材でした。13世紀のローマ教皇マルティヌス四世はうなぎが大好物で、白ワインに溺れさせたうなぎを焙り焼きにして毎日食べ、あげくのはてに、その食べ過ぎで命を落としたという伝説があります。一方、日本の土用の丑の日の習慣は、幕末「夏場に売れないウナギを何とかしてほしい」と、近所のうなぎ屋に相談された平賀源内が「本日土用丑の日」という看板を店先に出すことを提案し、大繁盛したのがきっかけだと言われています。

🍴 クッキングメモ

ビタミンB_1は夏に不足しがちで、その結果が、いわゆる夏バテです。これを解消するためにたんぱく質やビタミン・ミネラルを豊富に含んだうなぎを食べるのです。

◆関連表現

as happy as a sick eel in a sand spit（NZ）☞ 不満な、不幸な。

6 | Oyster ——牡蠣

① 牡蠣 ② 無口な人、口が硬い人

> **I trust Kate, since she is as closed as an oyster.**
> ケイトは信頼できる。彼女はとても口が堅いから。

📖 決まり文句・イディオム表現 📖

as closed as an oyster：きわめて口が堅い
as dumb (silent) as an oyster：非常に無口な（で）
The world is one's oyster：この世は（人）の思うがままだ

―――― カルチャーノート ――――

　別名「海のミルク」とも言われるほど栄養価が高い牡蠣には、ビタミンAをはじめ、B群、C、Eなどのビタミン類や鉄、マンガン、ヨウ素、銅、亜鉛などのミネラルもバランスよく含まれています。ほかの貝類とは異なり、消化、吸収率がよいことが特長です。

📺 クッキングメモ

Don't eat oysters unless there's an R in the month. 夏季に牡蠣（かき）を食うべからず。月名にRがない月には牡蠣は食べないこと（Rがない月はMay, June, July, Augustで、牡蠣は冬が食べ頃とされています）。暑い時期、産卵中のものは鮮度が落ちて中毒になりやすく、栄養価も落ちるためです。牡蠣は冬、と覚えておきましょう。ビタミンCの多いレモンやスダチと一緒に摂ることで、鉄分の吸収率がよくなり、

タウリンの損失を防いでくれます。

■**oyster sauce** オイスターソース（特に中華料理に用いる）

◆◆◆関連表現

oyster bank = oyster bed ☞牡蠣の養殖場。

oyster culture ☞牡蠣養殖。

prairie oyster ☞ 1.（食用する）子牛の睾丸　2. 生のままで飲む玉子

◆ 牡蠣に関する諺・名言・名句 ◆

All art is autobiographical; the pearl is the oyster's autobiography. —Federico Fellini (1920-93)

《すべて芸術とは自叙伝的なものだ。真珠は貝の自叙伝なのだ》—フェデリコ・フェリーニ（1920-93）。

7 | Red herring ── 薫製ニシン

① 燻製ニシン ② 問題から注意をそらすもの ③（金融）証券発行の準備趣意書（扉が赤で印刷されている）

The Governor drew a red herring across the track by raising another issue.
知事は別の問題を持ち出して注意をそらそうとした。

📖 決まり文句・イディオム表現 📖

draw a red herring across the track (path)：関連のない議論をして注意をそらすこと（臭いの強い燻製ニシンを獲物の通り道に引きずって猟犬の臭覚を惑わすことから）
the herring pond（米俗）：大西洋

─── カルチャーノート ───

ニシンは北欧料理に欠かせない食材です。ニシンの酢漬け、ニシンのマリネなど料理方法もさまざまです。ニシンはアイヌ語で「カド」。カドの子がなまって数の子（かずのこ）となりました。お正月のおせち料理に登場するようになったのは、二親（ニシン）から多くの子供（数の子）が生まれるようにとの縁起かつぎからと言われています。

🍳 クッキングメモ

体表が銀色で光沢のあるものがよいニシンで、逆にエラの部分に血がにじんでいるのは古い証拠です。ニシンは、鮮度が落ちやすいので、加熱調理がおすすめ。
■ **herring roe** 数の子

8 | Sardine — いわし

① いわし ②〜をすし詰めにする

The commuting bus is always packed like sardines.
通勤バスはいつもすし詰め状態で込み合っている。

📖 決まり文句・イディオム表現 📖

be packed like sardines：すし詰めになっている = be crowded very closely together

カルチャーノート

昔から「いわし100匹、頭の薬」という諺があり、いわしには脳細胞を活性化させるEPA（エイコサペンタエン酸）やDHA（ドコサヘキサエン酸）という高度不飽和脂肪酸が豊富に含まれています。これらは、血液をサラサラにし、中性脂肪やコレステロールを減少させ、動脈硬化、心筋梗塞などの生活習慣病を防いでくれる頼もしい成分です。

🍳 クッキングメモ

鮮度が落ちやすいので、新鮮なものを選んで早めに食べましょう。梅干で煮ると、梅干のクエン酸によって骨まで柔らかくなるので、丸ごと食べてカルシウムをたっぷり摂ることができます。アンチョビ（anchovy）は、カタクチイワシの塩蔵品で、イタリアやスペインでは欠かせない食材の一つです。

9 Shark —さめ

① さめ（ふか） ② 高利貸し（loan shark） ③ いかさま師（他人を食い物にして生活する）

> **Beware of loan sharks who prey on the weakest and most vulnerable people.**
> 弱者と最も脆弱な人々を餌食にしている高利貸しには用心しろよ。

shark：その道の達人、勉強も運動もできる学生というよい意味もあれば、悪徳弁護士や、企業乗っ取りやという意味もある。

"He shark for a living." 「彼は詐欺で食っている」

shark repellent：企業の乗っ取り防止策

―――― カルチャーノート ――――

ふか（鱶）はさめ類の俗称。その種類は約400種。さめは人間でいうところの五感に加え、振動や圧力の変化を感知することのできる側線と、生物の微弱な電流や海流・地磁気を検地することのできるロレンチーニ器官の全七感があります。この優れた能力によって、さめは長い進化の歴史のなかで生き残ってきたと言われています。

🍳 クッキングメモ

さめ料理というとピンときませんが、さめをすり身にしたおでんの具やかまぼこは、一番多く消費されている食べ方です。また、深海ざめの肝臓から抽出したビタミンAが含まれている肝油ドロップや、軟骨から抽出されるコンドロ

イチンなど、健康食品分野ではよく知られています。
- **shark fin soup**　フカヒレスープ

◆関連表現

lower than shark shit (豪) ☞ 最低の。この表現は他人の不公正な行動、ごまかしなどを批判するとき使用される。さめのフンは海の底にあるところからきている。

■その他魚に関する表現

- **Better be the head of a pike than the tail of a sturgeon.**
《チョウザメの尻尾になるよりは、カマスの頭になるほうがよい》「鶏頭となるも牛後となるなかれ」。
- **Caviar (e) to the general**　高尚すぎて俗受けしない高級品（Shakespeare Hamletより）。
- **not to be able even to run a whelk-stall**　まったく何も望めないほど能力が低い。whelkはエチュウバイ（食用貝）。

Chapter 5

玉子と乳製品で知る英語表現

1 | Butter ——バター

① バター

> **Rick is always buttering up the boss
> in hopes of getting a promotion.**
> リックは昇進を狙って上司にいつもゴマをすっている。

📖 決まり文句・イディオム表現 📖

butter up：(下心があって) お世辞を言う
butterfingers：不器用な人、下手な内野手
バターがついているかのように、つるりとよく物を切り落とすから。

"He has butterfingers." 「彼は不器用だ」

―― カルチャーノート ――

butterと紛らわしい単語であるbatterは、小麦粉、玉子、牛乳などをこねて作った生地のこと。早口言葉として、"Bad butter will make the batter bitter."「腐ったバターが生地を苦くする」があります。当初バターは食用ではなく髪や体に塗る薬、潤滑油として使われてきました。バターが食用にされるようになったのは6世紀フランスの貴族の間。ゆっくりとしたペースでバターの食用が広がった背景には、保存性も高いオリーブ油やラードが 食用油脂として昔から広く普及していたことがあります。

🗒 クッキングメモ

ケーキ、プディング、クッキーなどお菓子作りに欠かせないのが、無塩バター。また、グラタンやパスタのソース、肉や魚のソテーなどお料理では、有塩バターが活躍します。バターは、消化がよいので子供からお年寄りまで安心していただけます。おすすめのメニューは、バターに不足するビタミンCをカバーするマッシュポテト。ホクホクのじゃがいもをつぶしてバターと合わせ、お好みでガーリックオイルなどを加えてよく混ぜ合わせます。付け合わせとして幅広く好まれる一品です。

◆◆◆ 関連表現

a (big) butter-and-egg man ☞（勢力、経済力を備えた地方の）大物、金離れのいい中流実業家、金持ち投資家、(田舎から出てきた）単純で金のある実業家。田舎から出てきたときにもてようとしてバーやキャバレーなどで金をやたらと使う人。

a butterball ☞ 丸々と太った人。丸ぽちゃの若い女性（子供）。

butter fish ☞ ぬるぬるした魚、ギンポ。

◆バターに関する諺・名言・名句◆

Don't quarrel with your bread and butter.《生計の道を捨てるな》

guns and butter《大砲とバター》（経済政策が）軍事と民生の両方に配慮していることを表す言葉。

know which side one's bread is buttered (on).《パンのどちら側にバターが塗ってあるかを知れ》(金銭の援助

をしてくれる人を大切にせよ）

like a (hot) knife through butter (margarine)《簡単に、何の苦労もなく》

quarrel with one's bread and butter（通例否定文で）（腹立ちまぎれに）《自分の仕事をやめるはめになる・生計の道を絶つような振る舞いをする》

spread the butter thick=lay on the butter《やたらとほめる》

They that have no other meat, bread and butter are glad to eat.《ひもじい時にまずい物なし》(他に食べ物がない者にとって、バターを塗ったパンは御馳走である)

The hardness of the butter is proportional to the softness of the bread.
〈直訳〉バターの硬さは、パンの柔らかさと釣り合いがとれている。
〈意訳〉問題を解決するためには、それなりの努力がともなう。

to look as if butter wouldn't melt in one's mouth《そしらぬふりをする》《猫をかぶっている》

want one's bread buttered on both sides《必要以上のものを欲しがる、ほどほどでは満足しない》

コーヒーブレイク

★What's eating you?★
　直訳すると、「何があなたを食べているのか」ですが、それでは意味が通じません。これは、What's the matter?「どうしたの？」、What are you worried about?「何を悩んでいるの？」という意味で、"to be eaten away by worry"「悩み事なんて食べてしまえ」からきた表現です。

2 | Cheese ― チーズ

① チーズ ② 目的、報酬、銭

> **He pretends to be smart, but actually,
> he can't tell chalk from cheese.**
> 彼は頭の良さそうな振りをしているが、
> 実際は物事の違いがまったくわかっちゃいない。

📖 決まり文句・イディオム表現 📖

(different as) chalk and cheese：見かけは同じで実質はまったく違う、月とすっぽん

can't tell chalk from cheese：重要な区別がつかない

a big cheese：大物

"He used to be a big cheese in Chicago."
「彼はシカゴでは顔だった」

――― カルチャーノート ―――

ヨーロッパを中心に世界中で楽しまれているチーズは、「人類が作ったもっとも古い食品」と言われています。

チーズは大きくわけて2種類あります。牛乳や羊乳に乳酸菌や酵素を加えて発酵させた「ナチュラルチーズ」と、それを加熱して再加工した「プロセスチーズ」です。両者とも主な成分はたんぱく質と脂質ですが、特にナチュラルチーズは乳酸菌や酵素が生きたままの状態なので、ヨーグルトと同様に整腸作用が期待できます。

🍳 クッキングメモ

チーズを保存するときのポイントは、きちんとラップで包み乾かないようにして、冷蔵庫（2〜4℃）に入れること。もし乾いてしまったら生クリームやブランデー、白ワインなどを加えて、柔らかくするとよいでしょう。

■**a cream cheese on a bagel** クリームチーズのせベーグル（米国ではクリームチーズを付けて食べるのがとてもポピュラー）

◆◆◆関連表現

bread and cheese = bread and butter ☞生活の糧。
cheese box ☞郊外の小さな安い建売り住宅。マッチ箱住宅。
cheese cake（俗）☞女性のヌード写真。
Cheese it !（俗）☞気を付けろ、（急いで）逃げろ。やめろ。
cheese parings ☞チーズの皮程度の価値しかないもの、くず、ゴミ。けちんぼう、しみったれ。
cheesed ☞うんざりした、あきあきした（off）。
"She's already cheesed off with her husband."
「彼女はすでに夫に飽き飽きしている」
chew the cheese ☞吐く、もどす。
cut the cheese（米俗）☞おならをする。
eat cheese ☞告げ口をする。
hard cheese ☞それはお気の毒です＝Bad luck !
make cheese ☞女性が腰を低めてあいさつする。女子学生が遊戯で、ぐるっと回ってスカートをふくらませてさっと座る。
Say cheese! ☞はい笑って（写真を撮る人が言う）。
to be cheese-paring ☞極端に卑しい、ドケチな。

3 | Cream —— クリーム

① クリーム ② 最上部分 ③ こてんぱんにやっつける

> **This caviar is the cream of the crop.**
> このキャビアは，最上のものである。

📖 決まり文句・イディオム表現 📖

the cream of the crop：最上のもの、精選したもの
the cream of society：最上流階級の人たち。貴族社会、最も恵まれた階層（しばしば皮肉で使われる）
cream：こてんぱんにやっつける、〜をひどく打つ
クリームを作るときをイメージしてください。

　"I'll cream you. Be there!"
　「こてんぱんにしてやるからな。必ず来いよ」

―――― カルチャーノート ――――

　クリームといって最初に連想するのはアイスクリーム。昔は嗜好品ではなく、疲れた身体を回復する「健康食品」として利用されていました。次に生クリーム。フランスの生クリームは日本のものと比べると熱に強いと言われています。豊かで芳醇な香りと味わいをもつ生クリームは洋菓子にも和菓子にも合います。そして、洋菓子でおなじみのシュークリーム。"シュー"は、フランス語で「キャベツ」という意味で、直訳すると「クリーム入りのキャベツ」。シュー生地を焼くと膨らみ、その形がキャベツに似ていることから命名されたと言われています。

🍳 クッキングメモ

牛乳から、乳脂肪分だけを分離して取り出したものが生クリームです。成分は牛乳と同様で、カルシウム、そして、ビタミンAが豊富です。

生クリームといえばケーキなど甘いものを思い浮かべがちですが、お料理でも活躍します。ポタージュを盛りつけたあとに生クリームを少しかけたり、ホワイトソースに入れたり、また、アボカド・レモン・生クリームでおいしいソースを作ることができます。生クリームを使うと一段とコクと風味が増します。

■ **cream bun**　クリームパン（クリームがパンの中に入っているもの。cream breadとは言いません）

■ **creamer**　クリーマ（粉末のコーヒー用クリーム）

◆◆◆ 関連表現

cream-cracked（米俗）☞ 疲れ果てた。

cream off ☞（最良のもの）を精選する。（大金などを）私用に使う。

"Harvard University could cream off the most brilliant students, despite many other universities having tremendous difficulty to fulfill their fixed numbers."

《多くの他の大学がその定員を満たすことに四苦八苦しているにもかかわらず、ハーバード大学はもっとも優秀な学生を精選できるであろう》

cream up（他）☞ 〜を完璧に仕上げる。

like the cat that stole the cream ☞ ひとりよがりの、ひとり悦に入って。

peaches and cream ☞ (顔が)ピンク色ですべすべした。
skim the cream (off the top) ☞ (他人に苦労させて)自分ひとりいい目をみる。
the cream of the cream ☞ 最高のもの。
the cream of the story ☞ 話の佳境。

コーヒーブレイク

◆cream puff　シュークリーム◆

　日本語のシュークリームはフランス語のchou á la crèmeからきた言葉で、英語で言うと靴クリーム(shoe cream)の意味にとられかねません。また、cream puffは、口語では「柔弱な男性、意気地なし」という意味でも使われます。

　That guy's a cream puff.：アイツは弱虫だ
また、「大切に扱われた調子のいい中古車」という意味もあります。
　This car is a cream puff.；この中古車は新品同様で調子がいい
　cream-puff sale；(商業俗) 不動産の楽な販売
　また日本語のソフトクリームも和製英語で「柔らかいクリーム」の意味です。英語では、ソフトクリームも単なるice creamあるいはice-cream coneと言います。

4 | Egg ― 玉子

①(名詞)卵、玉子 ②…なやつ(guy) ③(動詞)扇動する、駆り立てる (on) to do

> **Don't put all your eggs in one basket.**
> リスクを分散せよ。

📖 決まり文句・イディオム表現 📖

Don't put all your eggs in one basket.
「すべての玉子を一つの籠に入れてはいけない」が直訳ですが、真意は「一事業に全財産を投じるな」、つまり「リスクを分散せよ」「ポートフォリオを組め」という意味。ファイナンスの授業では最初に習う決まり文句です。

egg someone on：駆り立てる

"The professor egged me on to greater efforts."
「教授は私にもっと努力するようにと励ました」

have egg on your face：恥、面目丸つぶれ

"Sara had egg on her face when she found out she forgot the document for the client."
「サラは顧客への書類を忘れたことを気づいたとき当惑した」

nest egg：(特定の目的のための)貯金、へそくり

"She has built up a nest egg of nearly ¥3 million."
「彼女は約300万円のへそくりを貯めている」

カルチャーノート

　欧米では一般的に生卵（raw egg）をそのまま食べる習慣はありません。彼らは、日本で食事に招待されたときなど、すき焼きを生卵につけて食べることに抵抗感を抱くことがよくあると言います。卵はあくまでも火にかけて料理するものか、お菓子の材料として認識しています。ベーブルースは大の玉子好きで、全盛期には毎朝18個（1ダース半）の卵で作ったオムレツを食べていたという逸話があります。完全栄養食品と言われる鶏卵には、ビタミンC以外のほとんどすべてのビタミンやミネラルがバランスよく含まれています。特にたんぱく質のアミノ酸は理想的な形で、食品の中でももっとも多く含まれています。

クッキングメモ

　鶏卵は半熟がもっとも栄養素が吸収されやすく、硬くゆでたものは消化しにくいと言われています。カゼで胃腸が弱っているときには温泉玉子がおすすめです。鶏卵は唯一ビタミンCが不足しているので、これを補う緑黄色野菜をたっぷり使ったメニューに合わせるとよいでしょう。保存の際には、とがったほうを下に向けて置きましょう。

How do you like your egg? と玉子の調理法について聞かれたときのために、以下を覚えておくと便利です。

- **boiled egg**　ゆで玉子
- **soft boiled**　半熟玉子
- **hard boiled**　固ゆで玉子
- **fried egg**　目玉焼き。片面だけ焼いた目玉焼きをsunny-side up、黄身の側も軽く焼くならover-easyと言います。
- **omelet**　玉子焼き、オムレツ
- **poached egg**　落とし玉子
- **scrambled eggs**　炒り玉子、スクランブルエッグ

Egg

(unscrambleは「元どおりにする」という意味の動詞でよく使われます)
- **yolk** 黄身、**white** 白身
- **egg nog** エッグノッグ(卵、牛乳、砂糖、香料を混ぜて、通例ラム酒などを加えた飲料)
- **egg roll** 春巻き(英)**spring roll**
- **egg slice** フライ返し(オムレツなどをすくい出すへら)
- **eggbeater** 台所で使う手動式のミキサー(形と音から「ヘリコプター」のくだけた言い方でも使われる)

◆◆◆関連表現

a bad egg ☞ 悪人→a good egg いいやつ。

a goose egg ☞ ゼロ。卵はその形が「ゼロ」の意味で使われている。

as full as an egg ☞ ぎっしり一杯。

as sure as eggs is (are) eggs ☞ 絶対確実に。本当に間違いなく。

curates egg (英) ☞ 食えないわけではない食べ物、ひどい代物だが何とか我慢できるもの。良いところもあるが、全体として悪いもの(punch誌、1895年の漫画でbishopとの朝食で腐った玉子を出されたとき、curateが、"parts of the egg are excellent"と答えることから)

egg-head (米国英語) ☞ 知識人、インテリぶる人、はげ頭の人。

have an egg from the oofbird (口語) ☞ 遺産をもらう。oofbirdは「金持ち」「金づる」。

have an egg on the spits ☞ 仕事で手がふさがってい

る。

in the egg ☞ 初期の（うちに）。

lay an egg ☞ 卵を産む、（興行、演技、作品などが）大失敗する（「ゼロ」を生むことから）。

over-egg the cake ☞ 下手に誇張する。

take eggs for one's money ☞ 返済の口約束でごまかされる、空手形をつかまされる。

teach one's grandmother to suck eggs ☞ 祖母に卵の吸い方を教える（釈迦に説法する）。

tread upon eggs ☞ 慎重に話を持ち出す。

walk on eggs (eggshells) ☞ 細心の注意を払う。慎重にことをはこぶ。

◆ 卵に関する諺・名言・名句 ◆

You can't make an omelet without breaking eggs.
「卵を割らないでオムレツは作れない」つまり「まかぬ種は生えぬ」です。

Better an egg today than a hen tomorrow.《今日の卵一個の方が明日の鶏一羽よりまし》

Kill the goose that laid the golden eggs《目先の損得にとらわれて（財産を失い）大損する》

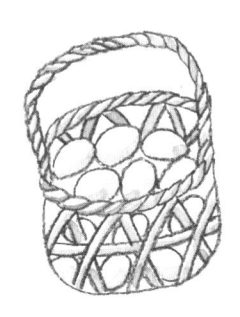

5 | Milk — ミルク

① ミルク ② 食い物にする

> **Don't cry over spilled milk.**
> 覆水盆に返らず。

📖 決まり文句・イディオム表現 📖

Don't cry over spilled milk.：覆水盆に帰らず
= It is no use crying over spilled milk.

milk：搾る、騙す
"The old people were milked by the dishonest dealers."
「老人は悪徳業者に搾取された」

milk round：新卒者採用のための大学訪問、新卒者による会社訪問

the milk in the coconut：問題の要点、事件の核心
"He talked for a long time, but he never explained the milk in the coconut."「彼は長々と話したが、問題の核心にはまったく触れずじまいだった」

―――カルチャーノート―――

牛乳の歴史はたいへん古く、紀元前四千年頃にすでに食品や医薬品として利用されていたことを示す壁画などが残されています。牛乳はカルシウムをはじめ、たんぱく質、糖質、脂質、そしてビタミン、ミネラルを豊富に含みたいへん栄養があります。歯・骨を形成する大切な栄養源である牛乳は、成長期の子どもたちにとって骨粗しょう症予防に欠かせない食品と言えます。また、寝る前の一杯の牛乳と軽い運動が、イライラした精神状態を落ち着かせるだけでなく、心地よい眠りに導いてくれます。

🍳 クッキングメモ

牛乳にたっぷり含まれる栄養は加熱調理しても変わりません。しかし、そのままでは苦手という方には、ホワイトシチューやクラムチャウダーを作ったり、バナナやイチゴなどと一緒にジュースにすることをおすすめします。また、「品質保持期限」とは賞味期限ともいわれ、品質とおいしさの目安です。その日を1日過ぎたら飲めなくなることではありませんが、開封後は期限にかかわらず早めに飲みましょう。

◆◆◆ 関連表現

(as) like as milk to milk (文語) ☞ そっくりその通りで。

bring a person to one's milk ☞ (人) に身の程 (分際) を思い知らせる。

a land of milk and honey ☞ 物資が溢れ、裕福な土地 (場所)。

get (come) home with the milk (英俗) ☞ (夜通しのパーティーのあと) 朝帰りする。

milk and honey ☞ 豊かな生活の糧。

milk and water ☞ 水で割った牛乳、つまらない談義、めそめそした感情。

"These milk and water approaches won't help our company. We need something more drastic."「弱々しい方法ではわが社は助かりません。もっと思い切った手段が必要です」

milk bar ☞ ミルクバー (牛乳、サンドイッチ、アイスクリームなどを売る店、店舗によっては生活必需品も売る)。

milk for all its worth ☞ を最大限に利用する。

milk for babies ☞（本などで）子供向きのもの。

milk run ☞牛乳配達、お決まりの行程、毎朝の偵察飛行。

milk someone dry ☞人から金（情報）を得る、（人・事態）をだめにする。

milk the bull (ram) ☞望みのないことをする。

the milk of human kindness ☞（生まれながらの）心の優しさ、人情。

milk-sop ☞ミルクに浸したパン切れ、軟弱な男、意気地なし。

milk-tooth ☞乳歯。

mother's milk ☞大切なニーズを満たすもの。

out of the milk ☞（穀物が）熟し始めて。

◆ ミルクに関する諺・名言・名句 ◆

My neighbor's goat gives more milk than mine.
《隣人の山羊は自分の山羊より多くミルクを出す》

Why buy a cow when milk is so cheap?《ミルクが安く手に入るのに、なぜ牛を飼うのか》

= Why buy a cow when you can get milk for free?《ミルクがただで手に入るのに、なぜ牛を飼うのか》

しばしば結婚に反対する論拠としても使われる。

6 Yoghurt — ヨーグルト

① ヨーグルト

> **The shelf life of the pop-star is somewhere between milk and yoghurt.**
> ポップスターがちやほやされる期間はほんのわずかである。

📖 決まり文句・イディオム表現 📖

between milk and yoghurt：わずかな時間（期間）ミルクもヨーグルトも賞味期間は数日というわずかな期間であることからのたとえ。

カルチャーノート

ヨーグルトは、人類が放牧を営み始めた頃、乳に偶然乳酸菌が混ざっていたことから発見されたと考えられています。ヨーグルトは古くから保存に優れた健康食品として食され、世界各国で、独自のヨーグルトが作られています。

🍳 クッキングメモ

ヨーグルトには、良質のたんぱく質や脂肪、炭水化物、ビタミン、ミネラルが含まれています。脂肪は非常に粒が細かいため消化吸収にすぐれ、また血液中のコレステロールや中性脂肪を低くする働きもあります。生きたまま腸まで届きそこで繁殖するビフィズス菌は、整腸作用の他に免疫力の向上や病原菌の感染防止などの働きもあります。

■ **plain yoghurt**　プレーンヨーグルト

Chapter 6

パン・菓子・デザートで知る英語表現

1 | Bread —パン

① パン ② 生活の糧、お金

> **Who is the breadwinner in your family ?**
> 家族の稼ぎ手は誰ですか？

📖 決まり文句・イディオム表現 📖

breadwinner：一家のかせぎ手、家業

bread winning：生計費をかせぐこと。パンは欧米における主食であり、生活の糧です。まさに日本における米と同じです。

bread and butter：バター付のパン、生活の糧（となる）

The bread and butter of a business：主な収入源

"The bread and butter of our business highly relies on exports."
「わが社の収入源は輸出にかなり依存している」

パンは命を支える一番大切なものです。食べ物がなくなると人は争いを起こしますが、食べ物があれば心はなごむものです。相手の愛情を得るのも、胃袋からです。

"Bread is the staff of life."「パンは命の糧」

また形容詞的に使うことができます。

"Understanding balance sheets is a bread and butter process for accounting."「貸借対照表を理解することは会計の基本である」

bread：お金

"I don't have enough bread this month"
「今月はあまりお金がないんだよ」

カルチャーノート

　今から6000年ほど前のメソポタミアでは、小麦粉を水で練って石の上で焼いただけの固い"無発酵パン"を食べていました。現在では"組み合わせた腕"を意味する"プレッツェル（pretzel）"や、日本ではフランスパンと総称されがちなパリっとした皮が特徴の"バゲット（baguette）"、清浄食として食べられてきたユダヤ人の"ベーグル（bagel）"、などなどその土地の風土に根ざした個性豊かな「ナショナルブレッド」が数多く作られています。

📝 クッキングメモ

小麦粉の中のたんぱく質は、おもにグルテニンとグリアジンです。小麦粉に水を加えてこねると、この2種類が水を吸収して結びつきます。これによって、「グルテン」という物質が形成され、粘弾性のあるパン生地ができます。

■ **bread crumb**　パン粉、パンくず

◆◆◆関連表現

be baking bread ☞（女性が）妊娠している、赤ん坊ができている。

beg one's bread ☞ 物乞いをして生活する。

bread and butter letter ☞ 歓待への礼状。

bread and circuses ☞ 大衆の不満をかわすために役に立つ食物と娯楽。

bread basket ☞ 重要農業地帯、穀物地帯。

break bread (with) ☞（人と）食事をする。コミュニケーションをとる。

bread line ☞ パンの施しを受ける窮民（失業者）の列。

bread buttered on both sides ☞ 安楽な境遇。

bread and cheese ☞ チーズ付きのパン。粗食、生活の途。

bread and milk ☞ 温めた牛乳に浸したパン。

cast (throw) one's bread upon the waters ☞ 私利を考えず慈善をする。見返りを求めず寛大な態度をとる。

earn one's daily bread ☞ 日々の糧を得る。

eat the bread of idleness ☞ のらくらと遊んで暮らす。

in good bread (古) ☞ よい暮らしをして ↔in bad bread 困窮して。

know (on) which side one's bread is buttered ☞ 私利に聡い。

on the bread line ☞ (政府の)救済を受けて、最低生活水準で暮らして。

out of bread ☞ 仕事にあぶれて。

take (the) bread out of a person's mouth ☞ 生計の道を奪う。

the best thing since sliced bread ☞ 最上のもの、とても好かれる(誉められる)人(物)である。

"Instant ramen is the best thing since sliced bread."「インスタントラーメンはすばらしい発明品である」

◆ パンに関する諺・名言・名句 ◆

Acorns were good until bread was found. —Francis Bacon (1561-1626)

《パンの味を知るまでは、団栗(どんぐり)はごちそうだったのだ》—フランシス・ベーコン(1561-1626)

Bread is better than the songs of birds. 《鳥の歌よりパンの方がよい》「花より団子」

Half a loaf is better than no bread.《パン半分でもないよりはまし》

Hope is the poor man's bread.《希望は貧者のパンである》

In the sweat of the face shalt thou eat bread. ─ Bible: Genesis
《額に汗してパンを食うべし》聖書『創世記』

Man cannot (or shall not) live by bread alone. [Bible:Matthew4-4] 《人はパンのみにて生きるにあらず》[聖書マタイ伝4－4]

The bread always falls on the buttered side.《パンは落ちると必ずバターのついた側が下になる》
= The bread never falls but on its buttered side.
不幸は続くもの= When it rains, it pours.

You may see by a bite what the bread is.《一片を見ればそのパン全体の良しあしがわかる》

2 | Crumb ──パン・クッキー・ケーキなどのくず

① パン・クッキー・ケーキなどのくず ② ほんのわずか

One crumb of comfort is that I don't have any loans.
せめてもの慰めは、借金が一切ないことだ。

📖 決まり文句・イディオム表現 📖

a crumb of：かすかな、わずかな

"There wasn't a crumb of truth in his alibi."

「彼のアリバイには真実のカケラもなかった」

"Right after the earthquake, only a crumb of information was available."

「地震の直後は、断片的な情報しか入ってこなかった」

to a crumb：細かく、正確に

"I need to measure the change to a crumb."

「私は変化を細かく測定する必要があるのです」

―――カルチャーノート―――

クラムとは、パンの裁ち落としであるパンくずや、スポンジケーキの切りくずのことですが、ブレッドクラム（bread crumb）といえば、おなじみ「パン粉」のことです。一方、インターネットの世界でブレッドクラムといえば、トピックパス、つまり、ウェブサイトの訪問者の現在位置をトップから階層（TOP＞料理＞トマトなど）で表すこと。グリム童話「ヘンデルとグレーテル」で、パンくずを道に落として家への帰り道がわかるようにしたことが由来。

🎬 クッキングメモ

ケーキやデザート作りが好きな人は、自分でケーキクラムを作ることも珍しくありません。たとえば、スポンジケーキのあまりものをオーブンで乾燥させて、これを粉々にして、アイスクリームの上にトッピングしたり、ケーキのデコレーションにしたりと、意外に大活躍。自家製「クッキーアンドクリーム」もこれで簡単にできてしまいます。

■ **bread crumb**　パン粉、パンくず

◆◆◆関連表現

crumbs from someone's table ☞ 不公平（不満足）な分け前。

crumb the deal （米俗）☞ 計画をだいなしにする。

3 | Jam ―ジャム

① ジャム（米国では jelly ともいう）② 場所などがぎっしりいっぱいである ③（E メール）"just a minute"の略

> **I was caught in the traffic jam.**
> 交通渋滞につかまった。

📖 決まり文句・イディオム表現 📖

be in a jam：困っている

"The lawyer got her out of a jam with the loan shark."
「弁護士は彼女をサラ金業者とのトラブルから救い出した」

―――― カルチャーノート ――――

ジャムは果物に砂糖を加え、加熱濃縮することによって果物の水分を砂糖に置き換え、酸とペクチンの力によってゼリー化したものです。そして、それぞれの果物本来のフレーバーを生かして仕上げた嗜好品です。ヨーロッパでは日本の漬物のように、昔から地域の風土にあったジャムが生まれ、長い歴史を誇っています。

📷 クッキングメモ

ジャムを辞書で引くと「押しつぶす」「詰め込む」とあります。すなわちジャムは、おいしさをギュッと詰め込んだ食品。さらに消化が良くて保存性にも優れた手軽な一品です。最近では、四季折々のフルーツをはじめ、野菜やバラなどの花弁、ミルクなどを原料としたジャムも作られるよ

うになりました。いちじくやカリンなど、ジャムとしてはあまり見かけないオリジナルのジャムを作って、その味を楽しむなんて贅沢な感じがしませんか。

◆◆関連表現

jam auction ☞店内での人寄せして行う販売、呼び売り、安物（まがいもの）を呼び売りする店。

a bit of jam (口語)☞楽しい物事、かわいい女の子。

Do you want jam on it? ☞まだ文句があるの。"want jam on it" は「利点は多いがまだ不満に思う」という意味。

Jam tomorrow ☞（約束だけに終わる）明日の楽しみ、（実現されそうもない）バラ色の未来。

Jam tomorrow and jam yesterday―but never jam today. [Lewis Carroll]《明日もジャム、昨日もジャム、でも今日のジャムはない》

この諺は、ルイス・キャロル「鏡の国のアリス」から引用された諺だが、女王がアリスに約束させたことは「ジャムは一日おき」ということ、つまり「昨日と明日とはジャムがあるが、今日はない」ということ。しかしこれは言葉のペテンで、「明日」になればその「明日」は「今日」となり、やはり「ジャムのない日」となる。したがって、この諺は原義どおりに、明日と昨日との間にはさまれた今日という日は、永久に「楽しくない日」という意味で用いられる。

jam up the works ☞台無し（困難）にする。

kick out the jams (俗)☞はめをはずす。

money for jam (英話)☞ただもうけ、あぶく銭、ぼろもうけ。

4 | Biscuit — ビスケット

①(英国) ビスケット ②(米国) 薄焼きパン

> **I've heard some crazy suggestions,
> but that takes the biscuit !**
> 馬鹿らしい提案を耳にしたが，受け入れられるわけがない。

決まり文句・イディオム表現

take the biscuit=take the cake (英)：(特にばからしさで) ずば抜けている。(皮肉で言う場合は) 最高に悪い、受け入れられない、信じられない

"He takes the biscuit for stinginess."

「どけちぶりで彼に勝るものはいない」

カルチャーノート

　ビスケットの語源は、ラテン語のビス・コクトゥス (bis coctus) で、その意味は、ビス (2度)・コクトゥス (焼かれたもの) です。当時、長旅の際に、保存食として日持ちをよくするために、パンを乾かしてもう一度焼いたものを持って出かけたといわれています。

　米国では一般にビスケットはパサパサで甘味がなく楕円形の薄焼きパンを意味します。通例軍隊・病院の朝食用のものを hot biscuit といいます。英国では scone。ケンタッキーフライドチキンのセットメニューに付いてくるちょっとパサパサしたパンをビスケットと言うのでご存知の方もいるでしょう。

🍳 クッキングメモ

小麦粉のほか、卵や乳製品を使って作られるビスケットは、現代人に不足しがちなカルシウムやビタミン A、B_1、B_2 を含んでいる、バランスのとれた食品です。手軽で栄養価が高く、消化が良いので、子供からお年寄りまで、上手に利用したいものです。

◆◆◆ 関連表現

a dog biscuit ☞ 犬用ビスケット。

a horse biscuit ☞ 馬の糞（ふん）。「馬の糞」の婉曲的な表現。馬車が主要な交通手段であった時代（特にヨーロッパ）、馬糞対策がもっとも深刻な都市の公害問題の一つだった。

captain's biscuit ☞（海事）上質の型パン。

ship's biscuit = ship biscuit ☞ 船室用型パン。

☕ コーヒーブレイク

英国で好んで食べられているscone（小型で円筒状のケーキで通例２つに切ってバターやジャムなどを付けて食べる）にもいくつかイディオム表現があります。

do one's scone ;（豪）かっとなって怒る

off one's scone ; 怒った、正気でない

5 | Bun ― バン

① バン、丸いパン ② 後頭部で丸くまとめた束髪

Satoko put her hair in a bun.
智子は，髪を後ろで結わいていた（ポニーテールにした）。

📖 決まり文句・イディオム表現 📖

put one's hair in a bun：髪の毛を後ろで結わく
have (got) a bun in the oven：女性が妊娠している
get a bun on：酔っ払う

――― カルチャーノート ―――

「バン」と聞くと耳慣れませんが、「バンズ」といえば、ハンバーガーのパン＝バンズとして聞いたことがある人も多いでしょう。本来「バン」は甘い、もしくはプレーンな味の小さな丸いパンのことで、ごくごくシンプルなパンです。また、(Hot) Cross Bunといえばパンのてっぺんに十字の切れ目が入れられているもので、主にキリスト教の四旬節の間に食べるバンのことを指します。キリスト受難の日 Good Friday に焼かれたクロスバンは、病気を治したりする特別な力を宿していると言われています。

📋 クッキングメモ

> シンプルな丸パンは、例えば白米のようなもの。どんな料理にもフィットして、食欲をいっそうかき立てます。自分でパン作りをするのなら、まずは、このシンプルなバンからがおすすめ。

6 | Cake ― ケーキ

① ケーキ ②（分配前の）総量 ③（米俗）札束、大金

> **That's a piece of cake.**
> そんなのは朝飯前だよ。

📖 決まり文句・イディオム表現 📖

a piece of cake：朝飯前、たやすいこと。ケーキ一切れをぱくりと食べるのと同じくらい簡単なこと

"How was the final exam?" "A piece of cake."
「期末試験どうだった？」「楽勝だよ」

icing on the cake：(すでに満足できるものに付けられた)余分なもの、余禄、望外の喜び

a slice (cut, share) of the cake：利益の分け前

"Our employees will expect a slice of the cake after this wonderful year."
「今年の好業績の終わりには、職員は利益の分け前を期待するだろう」

take the cake：(皮肉な意味で)「一番だ」「抜群だ」つまり「最低だ」なお、英国ではtake the biscuitといいます。

"The company may be full of stupid men, but you certainly take the cake."
「その会社は愚か者ばかりの集まりで、君はその中でも何といってもダントツ（最低）だよ」

Cake

カルチャーノート

ケーキにキャンドルが立てられたのは、ギリシャ神話に登場する月の神「アルテミス」の誕生日に捧げられたことが起源と伝えられています。やがてキャンドルは生命への祝福を示し、その炎を吹き消すことは「健やかな育ちを願い、その思いを封じ込める」ということを意味するようになったと言われています。ケーキとキャンドルは慶事のシンボルと言えます。

クッキングメモ

ケーキの定番、ショートケーキの「ショート（short）とは、「短い繊維のある」という意味から、「くだけやすい」「もろい」「サクサクした」といった意味で用いられる言葉。本来ショートケーキとは、ビスケットのようなサクサクした食感の焼き菓子の間にイチゴとクリームを挟んだスタイルの食べ物のこと。日本人に好まれるイチゴなどの果物とクリームをあしらったスポンジケーキのショートケーキは、実は日本のオリジナルだったのです。

◆◆◆関連表現

cake eater（俗）☞ 安易と快楽を好む柔弱な男、お茶好きの男（tea hound）。

cakes and ale ☞ 菓子と酒；人生の快楽、世俗的な楽しみ。

coffee and cake ☞（1）コーヒーとケーキ（ドーナツ）の軽食 （2）安サラリー、わずかな金。

devil's food cake（主に米）☞（濃厚な）チョコレートケーキの一種。

My cake is dough.（口語）☞ 計画は失敗した。dough（練

り粉) のままで菓子になり損ねたことから。

sell (go) like hot cakes ☞飛ぶように売れる（通例進行形で)。

the cherry on the cake (on the top) ☞魅力的なものにさらにいい点が加わること、予想外に得た良いもの、余禄。

the Land of Cakes ☞ケーキの国、お菓子の国（スコットランドの愛称)。

◆ ケーキに関する諺・名言・名句 ◆

To love cake rather than love make.《色気より食い気》

You cannot eat your cake and have it.《ケーキを食べてしまい、しかもまだ所有することは無理だ》「一度に2つ良いことはない」ということ。

You cannot have your cake and eat it too.《両方いいことはできない》

7 | Candy ― 菓子

① キャンディー、お菓子のことで、英国では sweets と言います。② (米俗) 麻薬

> **Ayako looked like a kid in a candy store after she got the concert ticket.**
> 綾子はコンサートのチケットを手に入れてとてもうれしそうだった。

📖 決まり文句・イディオム表現 📖

like a kid in a candy store (米):とてもわくわくして(うれしい)

カルチャーノート

キャンディの語源には、複数の説があると言われています。アラビア語の砂糖を表す"QUAND"からきたという説、ラテン語のCAN(砂糖)とDY(型に流し固める)からできたという説、さらにはインドの古いお菓子で、棒の先に砂糖の結晶がついた"Kandi"がCandyとなったという説など諸説があります。

🍳 クッキングメモ

キャンディは、砂糖や水飴を主原料として作られた菓子の総称です。古くは神への供物とされ、平安時代には貴族の薬用にされていたようです。江戸時代の初期に飴細工などが盛んになり、大量生産されるようになりました。飴を糸状にしてケーキに飾り付けたり、べっこう飴やナッツ・ク

ルミを加えた"タフィー"というお菓子などは家庭で簡単に作れます。

■ **candy cane** キャンディーケイン（紅白の杖の形のあめ、クリスマス用）

■ **candy floss** （英）綿菓子、cotton candyのほうが一般的

◆◆◆ 関連表現

a candy man ☞ 麻薬の売人。

candy ass （米俗）☞ いくじなし。

candy assed （形容詞的用法）☞ いくじなしの。

candy man （米俗）☞ 麻薬の売人。

candy store ☞ 菓子屋。

candy striper ☞（10代の女性の）ボランティア看護助手。

candy stripped ☞ 白地に明るい単色の縞の（キャンディーの模様に似ているところから）。

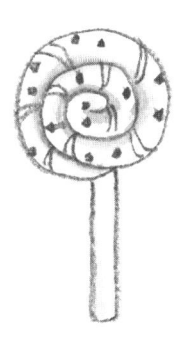

8 | Chocolate ― チョコレート

① チョコレート ② チョコレート飲料(「ココア」の意味で用いることもあり)

> **Life is like a box of chocolate!**
> **You'll never know what you're gonna get.**
> 人生なんて何が起こるかわからないよ。

📖 決まり文句・イディオム表現 📖

Life is like a box of chocolate!：人生何が起こるかわからない

トム・ハンクスのヒット映画『フォレスト・ガンプ』(Forest Gump)で使われた有名なセリフ。失恋したり失業したりした人を明るく励ますときにぴったりです。

chocolate box：(けなして)一見可愛らしい(美しい)

チョコレート箱のふたは可愛らしい絵柄で飾られているが中身はまた別の話ということです。

"Wendy is a nice chocolate-box, nothing more."

「ウエンデイーはたしかに可愛らしいね」(ただそれだけで個性や魅力に欠ける)

カルチャーノート

　チョコレートの原材料は"カカオ"。枝にも幹にも実がなるちょっと風変わりな樹に直径20cmほどのラグビーボールのような実がなります。古代メキシコでは、医薬品としてもかなりの貴重品だったといわれているカカオ。学名は「テオブロマ・カカオ」といい、ギリシャ語で"神の食べ物"という神秘的な意味。カカオポリフェノールやバランスの良いミネラル、食物繊維が豊富に含まれています。

クッキングメモ

　チョコレートには、大脳皮質を刺激して集中力を高める作用と、自律神経を調節してリラックスさせる効果があります。チョコレートは、ブレンドされたココア豆に砂糖・カカオバターが加えられて作られます。いかにも太りそうなイメージがありますが、吸収性が低くコレステロールの上昇が少ないと言われています。思考力を高めたい時や、のんびりリラックスしたいときなど、チョコレートを味わってその効果をためしてみては。

■ **assorted chocolate**　チョコレートの詰め合わせ
■ **a chocolate bar**　板チョコ
■ **hot chocolate**　ココア（cocoa）

関連表現

about as much use as a chocolate fireguard (teapot) (英) ☞ まったく役に立たない。

chocolate soldier ☞ 戦争に行きたがらない兵隊、非戦闘員、ごますりの政治顧問。

not have the brains of a chocolate ☞ 非常にばかである。

9 | Cookie —クッキー

① クッキー ② (英)ビスケット ③ かわいこちゃん
④ (tough, smart などを前につけて) やつ

> **That's the way the cookie crumbles.**
> 世の中なんてそんなもの。

📖 決まり文句・イディオム表現 📖

That's how (the way) the cookie crumbles.：(物事がうまくいかない人に対して) 世の中なんてそんなもの、人生の苦楽をありのまま受け入れよという意味。

a tough cookie：タフなやつ

――カルチャーノート――

クッキーは、小麦粉・牛乳・卵・砂糖・香料などを原料にして焼いた焼き菓子。オランダ語の「クーク (お菓子)」からきたと言われています。フランス語では「プティーフール・セック (乾き一口菓子)」。ビスケットに比べ、バターなどの脂肪分が多いのが特徴です。「ビスケット」はヨーロッパから東回りで、「クッキー」はヨーロッパからアメリカを経て西回りで日本に伝わった言葉と言われています。

📷 クッキングメモ

クッキーの原型となったのが、ドイツの「レープクーヘン」という、蜂蜜と小麦粉をこねて作ったもので、その後バターが混ざり、やがてクッキーに発展したと言われています。

クッキーは、素材の良し悪しが顕著に表れ、バターの種類を変えただけでも味が変ってしまうとてもデリケートなお菓子です。

◆◆◆関連表現

cookie cutter ☞ どれも同じ形の。ありきたりの。
cookie pusher（米俗）☞（軽蔑）外交官、おべっか使い。
have one's hand in the cookie jar(話) ☞ 自分の立場を利用して不正を働く。賄賂をとる。
juice and cookies ☞ おきまりの軽食。
toss (drop, throw) one's cookies（米俗）☞ 吐く。

10 | Fruitcake ——フルーツケーキ

① フルーツケーキ ② 変人、ホモ

> **Bobby gets as nutty as a ftuitcake when he gets drunk.**
> ボビーは酔っぱらうとはちゃめちゃになるんだ。

📖 決まり文句・イディオム表現 📖

as nutty as a fruitcake：ひどく風変わりの
nutはもともと「狂った」という意味があり（p.62参照）、フルーツケーキは干し葡萄（raisin）や、ナッツ（nut）がたくさん入っているので、この表現が使われるようになりました。

――― カルチャーノート ―――

フルーツケーキには、クィーン・エリザベス・ケーキとヴィクトリア・ケーキという2種類の有名なケーキがあります。たくさんのドライフルーツや香辛料を使い焼き上げたものが、クィーン・エリザベス・ケーキと呼ばれ、真っ赤なドレンチェリーを使ったケーキをヴィクトリア・ケーキと呼びます。

📷 クッキングメモ

しっかり焼きこんで熟成したフルーツケーキは、長期保存が可能です。洋酒に漬け込んだフルーツと、クルミやナッツ類をふんだんに使うため、ビタミン類が豊富です。そのためヨーロッパでは冬に向けて、各家庭ごとに特徴のあるフルーツケーキが作られます。

11 | Loaf ―塊のパン

① パンの一塊り ② 脳みそ

> **Half a loaf of bread is surely better than nothing.**
> 確かにパン半分でも何もないよりはましだよ。

📖 決まり文句・イディオム表現 📖

Half a loaf is better than no bread.：パン半分でもないよりはまし

Use your loaf!：頭を使え、考えてみろ

カルチャーノート

英語で"Loaf"は、焼いたままスライスしてない状態のパンの塊を指します。また、ひき肉・魚肉などをパン粉・卵・牛乳などで練り、パン型に焼いたものも、"Loaf"と呼ばれます。

🍳 クッキングメモ

パンや食品の塊を指すローフという言葉から、すぐに連想するのはミートローフ。ミートローフは代表的なアメリカ家庭料理のひとつで、その起源はハンバーガーステーキと同じだと言われています。各家庭によりベースとなる挽肉の割合や味付けが異なり、また合わせる中身も、野菜や玉子、そして豆腐を工夫して入れるなど、欧米だけでなく日本でも人気の家庭料理。シンプルながら各家庭のオリジナリティを出せるのが、ミートローフの特徴です。

12 | Pancake ─ ホットケーキ

① パンケーキ ② ホットケーキ（hotcake）

> **His joke fell as flat as a pancake.**
> 彼のジョークはさっぱり受けなかった。

📖 決まり文句・イディオム表現 📖

be as flat as a pancake：まったく平べったい

sell (go) like hotcakes：飛ぶように売れる

"Her new novel sold like hot cakes."

「彼女の新しい小説は飛ぶように売れた」

toss a pancake：フライパンの中で焼いているパンケーキを高く上にあげてひっくり返すこと

--- カルチャーノート ---

日本でいうホットケーキは、pan（フライパン）で焼いて簡単に作れることから英語では一般的にはパンケーキと呼ばれています。ホットケーキより薄めに焼いたパンケーキは、米国レストランでは朝食の定番メニューです。

📷 クッキングメモ

キリスト教では、イースター前の40日間から「Lent」という断食をしますが、その前の火曜日を「Shrove Tuesday」と言い、家に残っている卵・小麦粉・バターなどを使いきるため作られたものが"パンケーキ"、という説があるそう

です。フライパンひとつで簡単に作れるパンケーキ、白い小麦粉で作るものから、そば粉やライ麦粉を使ってヘルシーに仕上げるものまでさまざま。また、生地にヨーグルトを混ぜたりするなど、ちょっと工夫するだけでいっそう楽しくなります。

関連表現

Pan-Cake（商標）☞ おしろいの一種。

Pancake Day（英）**Shrove Tuesday** ☞ 五旬節の火曜日。この日にpancakeを食べたことから。

pancake landing ☞ 平落ち着陸。

pancake roll（英）☞ 春巻き（egg roll, spring roll）

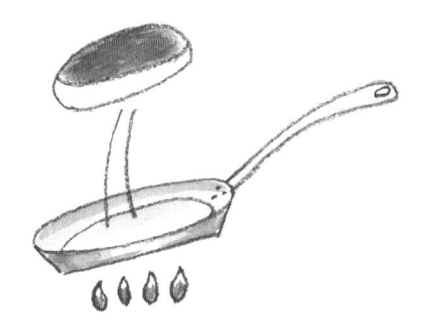

13 | Pie —パイ

①パイ ② 収入、費用などの総計 ③（米俗）すてきなもの、とても容易なこと ④（政治上の）不正利得

> **The plan is a pie in the sky.**
> その計画は絵に描いた餅だ。

📖 決まり文句・イディオム表現 📖

pie in the sky：うまい口約束、絵に描いた餅、はかない望み

as easy as pie（米話）：とても簡単な、朝飯前

  "Getting A grade in English class for Michiko is as easy as pie."
  「美智子にとって英語のクラスでAを取ることは、朝飯前だよ」

as sweet as pie：とても魅力的な（しばしば皮肉で使う）

  "Betty acts as sweet as pie if she wants money."
  「金が欲しくなるとベティーはすごくチャーミングになる」

pie chart：円グラフ

eat humble pie：屈して謝る、甘んじて屈辱をなめる
昔、英国の貴族たちが鹿狩りをしたあと、その臓物（humbles）を従者や召使いたちに与えたところからという説がある。

have (put) a finger in every pie：何にでも手を出す。どの事業（計画）にも参加する、余計な手出しをする。

  "Tom has his finger in every pie when it comes to new things."
  「トムは、新しいことには何にでも手を出す」

  "Let me get a finger in the pie."
  「俺にも一口かませてくれよ」

カルチャーノート

　ローマ時代、素材の持ち味を逃がさないように肉や果物を小麦粉と油脂を合わせた生地に包んで焼いたのがパイの始まりと言われています。「かささぎ」を意味するPieは、何でもかんでも集めてくるかささぎと、何でも包み込んでしまうパイとが似ているからというおもしろい説もあります。

クッキングメモ

　パイというとお菓子のイメージが強いですが、料理としてのパイのバリエーションは実にさまざま。挽肉とマッシュポテトを盛って焼くシェパーズパイ、細切りにした牛肉と牛の腎臓を包み込んだキドニーパイ、シチューやスープの口にパイ生地をかぶせて焼くホットパイなど、どれも食べるのが楽しみなものばかりです。

■**shepherd's pie**（英）シェパーズパイ（羊か牛のひき肉にマッシュポテトをかぶせて焼いた料理：cottage pie）

■**steak and kidney pie**　ステーキ・アンド・キドニーパイ（パイ生地に牛肉や子羊の腎臓を詰めて焼いた英国の伝統料理）

関連表現

a cow pie ☞ 牛の糞（ふん）。
as nice as pie ☞ きわめて愛想のよい（丁寧な）。
cut a pie ☞ おせっかいを焼く。
cut the pie up ☞ 山分けする。
Promises are like pie-crust, made to be broken.
《約束はパイの皮のようなもの、破られるためにつくられる》

14 | Porridge ——ポリッジ

①（主に英）ポリッジ ②（米）oatmeal などを水や牛乳で煮たかゆ、朝食によく食べる ③（英）刑期、ムショ暮らし

> **The teacher saved his breath to cool his porridge. He will criticize the student later, in private.**
>
> 先生は思わず息を呑んだ。
> その学生をあとから個別に叱責するだろう。

📖 決まり文句・イディオム表現 📖

save one's breath to cool one's porridge：（無駄と悟って）話（説得）をやめる

do porridge 刑期を務める、服役する

―――― カルチャーノート ――――

　ポリッジは、オート麦などの穀物を粉砕したものを牛乳や水で煮て作る一種のお粥。伝統的な朝食でありながら、「まずい食べ物」として敬遠されてきました。しかし、ポリッジに含まれる繊維質や炭水化物は血糖値を徐々に上げ、ゆっくりとエネルギーを放出していくことから、ダイエットに最適な食品として、近年人気が復活しています。

🍳 クッキングメモ

> ケルト民族の主食だったオート麦は、栄養価が高く頑強な身体づくりに役立ちます。おいしいポリッジを作るには、良いオート麦を選ぶことが大事。おすすめはジャンボオーツ。水に浸し、ゆっくり煮ます。堅さは好みで、牛乳は最後に、食べるときに蜂蜜を入れるとおいしいです。

15 | Pudding —プリン

① プリン ② 肉の腸詰め ③ 太っちょ

> **The proof of the pudding is in the eating.**
> 論より証拠（プリンの味は食べてみないとわからない）。

📖 決まり文句・イディオム表現 📖

The proof of the pudding is in the eating.：論より証拠

カルチャーノート

プリンの発祥地はイギリスで、正しくは"プディング"。牛乳、砂糖、卵を混ぜたカスタード（custard）を熱で固め、その上にカラメルソースがのったもの。スペインや中南米、米国ではしばしばフラン（flan）と呼ばれますが、プディングのこと。イギリスでは5〜6世紀頃から作られており、"プディング"とは伝統的な味、または調理法を指しています。日本には明治時代に伝えられ、「ポッディング」という名前で呼ばれていました。

📷 クッキングメモ

プリンは卵の量によって舌触りが変わってきます。卵白が多いと柔らかい舌触りになり、卵黄が多いと濃厚でしっとりとした舌触りになります。ちなみに加える砂糖の量で硬さが調節できます。

- **Eve's pudding**（英）（最下層にリンゴのスポンジケーキを配した）ケーキ
- **queen of puddings** カスタードとパン粉を材料にして

ジャムやメレンゲをかぶせたプディング

◆◆◆関連表現

in the pudding club (英俗) ☞ (主に未婚の女が) 妊娠して (pregnant)。

pudding face ☞ 大きなふっくらした顔。

pudding head ☞ まぬけ。

◆ プリンに関する諺・名言・名句 ◆

Pudding before praise. 《花より団子》

Too much pudding will choke a dog. 《腸詰を食わせすぎれば犬は喉を詰まらせる》ここで言うpuddingは「肉の腸詰め」の意味。

16 | Sandwich ──サンドイッチ

① サンドイッチ ② (人・モノ) を間に挟む ③ 中間部を生放送で置き換えることができる録画 (録音) コマーシャル

> **I was sandwiched in between two beauties.**
> 美人二人に挟まれちゃったよ。

📖 決まり文句・イディオム表現 📖

be sandwiched between/in between:(サンドイッチのように) 間に挟まれる

カルチャーノート

18世紀のイギリス、サンドイッチ村の伯爵ジョン・モンタギュー 4世 (John Montagu, 4th Earl of Sandwich) は、無類のトランプ好きで、食事にかける時間も惜しむほど。そこで、ゲームの合間に片手で食事が取れるよう、パンに具を挟んだものを用意させていたことから、いつしかこれがサンドイッチと呼ばれるようになりました。

📓 クッキングメモ

薄く切ったパンの間に肉・玉子・ハム・野菜などをはさむスタンダードなサンドイッチをはじめ、それを焼いたホットサンドや、3枚重ねたパンの間に、鶏肉・レタス・ベーコンなどをはさんだクラブサンド、そしてパンの上に具をのせたオープンサンドなど、サンドイッチの種類はとても豊富です。好みの食材をはさんで楽しむことができます。

■**Dogwood sandwich**（肉、レタスなどさまざまな具をたくさん挟んだ）分厚いサンドイッチ

◆◆◆関連表現

go down like a rat sandwich ☞とても不人気となる、不評を買う。

knuckle sandwich（俗）☞こぶし打ち、顔面への（特に口への）パンチ。

one sandwich short of a picnic ☞愚かな、狂った。

ride (sit) sandwich ☞二人の間にはさまれて乗る（腰をかける）。

sandwich course ☞理論に関する講義がある一方で実務教育も提供するコース。

sandwich board ☞サンドイッチマンが体の前後に下げて歩く広告板。

sandwich generation ☞サンドイッチ世代（親と子の世話を同時にしなければならない年代、おおむね40歳代の人々）。

sandwich man ☞サンドイッチマン。2枚の広告版を身体の前後に掲げて街頭を歩く人。

the filling in the sandwich ☞間に挟まれて非常に困った立場に置かれていること、板挟みになった人。

= the meat in the sandwich

☕ コーヒーブレイク

日本語ではハムサンドとか野菜サンドと言いますが、英語では、a ham sandとは言いません。ham sandwich、vegetable sandwichと言います。ちなみにsandは砂という意味なのです。

17 | Spaghetti ― スパゲッティ

① スパゲッティ ② イタリア製の象徴

> **Clint Eastwood's movie career started in the '60s with spaghetti westerns.**
> クリント・イーストウッドの映画人生は、1960年代のマカロニウエスタンから始まった。

📖 決まり文句・イディオム表現 📖

spaghetti western：マカロニウエスタン（イタリア製の制作費の安い西部劇）

spaghetti junction：高速道路のランプ付近で道路が複雑に交差している状態

―― カルチャーノート ――

イタリア生まれのスパゲッティは、数あるパスタの中の一種類。イタリア語spago（紐）が語源。どんなソースとも相性がよいとされています。ちなみにソースと絡めて食べるパスタ料理がイタリアに普及しはじめたのは、食用トマトが栽培されはじめた17世紀頃です。

🍳 クッキングメモ

スパゲッティやマカロニなど、イタリアを代表とする食材であるパスタの主成分は、からだのエネルギーのもとになる大切な栄養源である複合糖質（でんぷん質）で、デュラム・セモリナと呼ばれる小麦粉と水だけから作られる自然

食品です。デュラム・セモリナとは、小麦を粗挽きにしたもので、その特長は、良質のたんぱく質を多く含み、弾力性に富んでいます。そのため、生地の形成がしやすく、ゆでてもコシが強く形がくずれにくいので、パスタに最適な小麦粉なのです。

■ **spaghetti Bolognése**　スパゲッティ・ボロネーズ（牛挽肉・トマト・タマネギなどのソースで食べる）

◆◆◆関連表現

Spaghetti-fication（物理）☞ スパゲティーフィケーション（ある物体がブラックホールに落下するとき、引力によって引き裂かれる過程）。

spaghetti squash ☞ カボチャの一種で調理すると果肉がひも状にほぐれる。

spaghetti strap ☞ 女性用ドレスの細い肩ひも。

spaghetti war ☞ スパゲッティ戦争＝pasta war。1985〜86年における米国とECとの貿易摩擦。米国はECから輸入されるパスタに、一方ECは米国からのレモンとクルミに高い関税をかけた。

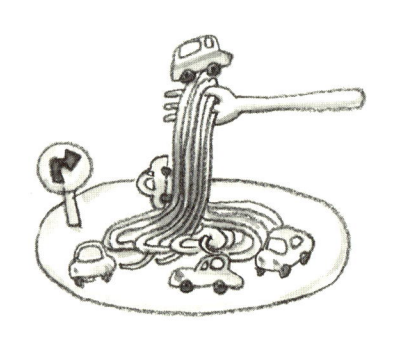

18 | Tart ― タルト

① タルト ② (形容詞) 厳しい、すっぱい ③ 若い女性
④ 売春婦、ふしだらな女

> **Don't tart yourself up for the wedding party.**
> 結婚パーティーでは安っぽく着飾らないでね。

📖 決まり文句・イディオム表現 📖

tart oneself up：みすぼらしくする、(女性が) 安っぽく (挑発的に、目立つように) 着飾る

―― カルチャーノート ――

タルトは果物・ジャムなど甘いものが入った丸いパイ。フランスを代表するお菓子のひとつで、ビスケット生地やパイ生地で器を作り、果物やクリーム、ジャムやナッツなどを詰めたものです。もともとは家庭のおやつとして作られたケーキが、レストランのシェフの目に留まり、デザートになったといわれています。フランスでは、地方特産のフルーツを使ったり、あるいは家庭の味が代々受け継がれたりと、郷土色や歴史を感じさせるお菓子といえます。なお、米国では主に小さなものを open pie、英国では、tartlet と言います。

🍴 クッキングメモ

タルトの生地は大きく2種類あります。甘味のある"パート・シュクレ"、甘味のない"パート・ブリゼ"が代表的。パート・シュクレは、生地を焼いてクリームやフルーツを盛り付けるタルトに向いています。パート・ブリゼはあっ

さりした風味なので、りんご、いちご、チェリーなどを詰めてから焼くタルトに適しています。市販のタルト生地もありますので、季節のものを使って好みのタルトをどうぞ。
■**cherry tart**　さくらんぼのタルト

◆◆◆関連表現
a tart reply ☞ 手厳しい返答。
She had a tart tongue. ☞ 彼女は舌が鋭い。

19 | Toast ──トースト

① トースト ② こんがり焼く ③ 乾杯 ④ 名士、有名人、人気者

> **I'd like to make a toast to Ms. Shimano for her great sales performance. Cheers !**
> 島野さんのすばらしい営業成績に乾杯したいと思います。乾杯！

📖 決まり文句・イディオム表現 📖

toast：乾杯（する）。15世紀初め、祝杯にtoastの小片を入れたことから。

"A toast at a wedding reception should not last longer than three minutes."
「結婚式での乾杯の挨拶は3分までに切り上げるべきだ」

"Our team toasted our victory with a glass of beer."
「わがチームはビールで勝利を祝った」

toast：人気者、有名人

"The actress was a great toast in 1970's."
「その女優は、1970年代すごく人気があった」

have someone on toast：人を思うままに扱う

"The president had his employees on toast."「その社長は従業員を思うがままに扱った」

on toast：トーストにして
the loyal toast：乾杯（忠誠の証）
as warm as a toast：ほどよく暖かい

カルチャーノート

　トーストの中でも人気の"フレンチトースト"は、フランスでは"パンペルデュ"と言われ、失われた（駄目になった）パンというような意味があります。ちょっと古くなったパンを卵と牛乳、そしてバニラエッセンスに浸して焼くことで、残りものを感じさせないおいしい一皿になります。

クッキングメモ

朝食の代表選手であるトーストは、薄切りにした食パンをカリっと焼いたもの。バターやジャムを塗ったり、好みのトッピングでいただきます。しかし、パンの厚さから焼き加減、トッピングの種類などは、家庭によってさまざま。和洋折衷いろいろ試してみると楽しい朝食になりますよ。

20 | Vanilla ──バニラ

① バニラアイスクリーム ② バニラエッセンス ③ 平凡な、基本的な、つまらない ④ (米俗) 白人

I'm not interested in his business plan. It's just vanilla.
彼のビジネスプランには興味ないね。凡庸すぎるよ。

📖 決まり文句・イディオム表現 📖

アイスクリームの中でもバニラアイスは標準的なものなので、「平凡な」「ありきたりの」という意味で使われます。

plain vanilla：ビジネス用語では、vanillaの前にさらにplain（明白な、質素な）をつけて強調して使われることが多いです。

"Diversification is the "plain vanilla of investing," says Professor Sawada."「分散投資は投資活動のイロハのイであると、澤田教授は語っている」

① (コンピュータ) 普通の、ベーシックな

"Plain vanilla means installing software without considering its impact on productivity."

② (金融用語で) 比較的単純な金融派生商品のこと

"A term that refers to a relatively simple derivative financial instrument, usually a swap or other derivative that is issued with standard features."

カルチャーノート

　スペイン語で"小さな莢（さや）"を意味するバニラ。そのとろけるような甘い香りの正体は、ラン科に属する莢状の果実。暑さと湿気を伴う特有な気候でのみ育つと言われ、世界需要の約60％近くがマダガスカル産です。西洋では数百年も前から現在に至るまで、デザート、飲み物、乳製品、コーヒー、そして料理にまで幅広く使われています。現在世界中には、110種類のバニラが存在します。

クッキングメモ

カスタードクリームやプリンなどの香り付けに使われるバニラビーンズは、莢状の果実を発酵させた、甘い香りが特徴的なスパイスです。また、バニラエッセンスは、このバニラビーンズから抽出したエキスをたっぷりと使った香り高いエッセンスです。バニラの甘い香りには精神を落ち着かせる効果があるため、リラクゼーションアロマとしても知られています。

■その他パン・菓子・デザートに関する表現

■**Cracker** クラッカー

クラッカー、爆竹、貧乏な白人、素晴らしいもの（美人）、ほら吹き、(形容詞)(英俗)気が変な。

- **cracker barrel** (米俗)単純素朴な。
- **not have a cracker** (豪・NZ) 文無しの。
- **not worth a cracker** (豪・NZ) ☞ぼろ（くず）同然の、まったく役に立たない（useless）。

■**Crepe** クレープ

- **crepe hanger** 悲観的な人。
- **100 pieces of crepe** クレープ100反。

■**Crust** パンの皮

- **upper crust** 上流社会。パンの皮の上の部分。

"Since Yuko's from the upper crust, many boys hesitate to date with her."《祐子は上流社会の出身なので、多くの男子は彼女をデートに誘うことに二の足を踏んでしまう》

■**Ice cream** アイスクリーム

- **ice cream chair** （アイスクリームパーラーなどで用いる）ひじ掛けのない丸椅子。
- **ice cream cone** アイスクリームコーン。(米俗)野球でかろうじて捕球したボール。
- **ice cream parlor** アイスクリームパーラー。

■**Lollipop** 棒付きキャンディー

- **lollipop lady (woman)** 通学児童を守る交通おばさん。"Stop! Children Crossing"という標識をつけた棒を持っていることから。正式にはschool crossing patrol。

Chapter 7

飲み物で知る英語表現

1 | Beer ―ビール

① ビール ② 発泡飲料

> **As a professional baseball player, the rookie was small beer.**
> プロ野球選手としては、そのルーキーはまだひよこだ。

📖 決まり文句・イディオム表現 📖

small beer：(規模、格などが) たいしたことない

文字どおりは「少量のビール」の意。"Anything to drink ? I'll have a small beer."「何かお飲物は？」「ビールを少しいただきます」のように使われますが、例文のように比喩的にも使われます。

think no small beer of oneself：うぬぼれる

"The famous IT enterpreneur thought no small beer of himself."「その著名なIT起業家は自分をひとかどの人物だとうぬぼれていた」

I feel like a beer.：ビールを一杯飲みたい

カルチャーノート

ビールの誕生は約5000年ほど前、メソポタミアのシュメール人によるものだといわれています。世界中で飲まれているビールは、その国によって好みがそれぞれ。注ぐときめの細かい泡が美しく立ち上るイギリスの黒ビール。豊富な醸造所を持つベルギーでは果実を使ったビールが人気。また「ブラウマイスター」といったビールの専門家を養成する制度があるドイツでは、地ビールが盛んで6000種以上あるといわれています。

🎦 クッキングメモ

ビールの味を左右するのは、なんといっても原料。良質の麦芽とホップ、そして水。これが揃っておいしいビールが生まれます。また、ビールをおいしく飲むには振動と日光は大敵。振動によって炭酸ガスが気化して泡がふき出る原因になったり、にごったりします。日光が当たると、独特の臭いがついてしまいます。

- **dark beer**　黒ビール
- **stout**　(強い) 黒ビール
- **porter's ale(beer)**　(英) 黒ビール
- **draft beer**　生ビール
- **canned beer**　缶ビール (can beerは誤り)
- **draft beer in kegs**　樽詰め生ビール
- **low-malt beer**　発泡酒
- **small beer**　弱いビール
- **The beer tastes full-bodied.**　そのビールはこくがある

関連表現

beer house (英) ☞ ビアホール。

beer joint ☞ 居酒屋。

beer slinger ☞ バーテンダー。

beer age ☞ (貴族に列せられた) 醸造業者。ビール業界。

beer and skittles (英俗) ☞ 気楽な生活、のんびり過ごすひととき。

beer belly ☞ ビール腹、太鼓腹。a beer bellied man はビール腹の人。

beer bong ☞ 一気飲み用缶。

beer bust (blast) ☞ ビールパーティー（大学生用語）。bustは「派手に飲んで騒ぐパーティー」の意。

"Are you going to the beer bust tonight?"
「今晩のビールパーティー参加する？」

beer money ☞ ポケットマネー。（雇い人に与える）酒手。
be in beer ☞ ビールに酔っている。
beer up (俗)☞ ビールをがぶがぶ飲む。beer-upは「飲み会」。
cry in (into) one's beer ☞ （不当な扱いを受けたと思って）悲しみに耽る。
egg in one's beer ☞ おまけ、ぜいたくの極み。
Life isn't all beer and skittles. ☞ 人生は楽しいことばかりじゃない。skittleはボウリングに似たゲーム。
on the beer (英)☞ 酒を飲み続けて、飲んだくれて。
sling beer ☞ バーテンとして働く。

コーヒーブレイク

ビールの一種でホップで味を付けていないものをaleと言います。aleを使った表現もいくつかありますので、覚えておきましょう。

Adam's ale；水
cakes and ale；(やや古い) 人生の快楽、世俗的な楽しみ；どんちゃん騒ぎ
poter's ale；(英) 黒ビール
yard of ale；背の高いビール用グラス（そのグラスに入れたビール）

2 | Coffee —コーヒー

① コーヒー

> **Let's take a coffee break.**
> 休息しよう。

📖 決まり文句・イディオム表現 📖

coffee break（米）：休憩時間
職場における休憩時間。午前10時、午後3時に各15分程度。coffee hour。英国ではtea breakとも言う。

coffee klatch：おしゃべりの時間

カルチャーノート

アラビアの荒野でその歴史が始まったと言われるコーヒーは、さまざまな伝説を持っています。最初にコーヒーの抽出に成功したのはアラブの聖職者だと言われています。意外にも、ヨーロッパへコーヒーが伝わったのはその後数百年たってから。紅茶のイメージが強い英国にも1600年代中頃にはコーヒーハウスが生まれています。

🍳 クッキングメモ

コーヒーの代表的な焙煎方法は大きく3つ。高温の風をコーヒー豆に吹き付けて水分を飛ばしていく熱風式、直接豆を炙る直火式、そしてそれらをミックスした、豆を入れたドラムを加熱しながら熱風を送り込む半熱風式です。おなじみは、専門店でもよく見かける直火式でしょう。コーヒ

―豆は、粉砕して表面積が増えると酸化が進み、劣化が早まります。おいしい目安は約2週間。それ以上なら、密閉して冷凍庫で保管しましょう。飲む分だけ挽くというのが理想的なコーヒーの嗜み方です。

◆◆◆関連表現

coffee-and（俗）☞生活必需品。コーヒーとドーナッツなどの軽食。

coffee and cake (s)☞(1)コーヒーとケーキ（ドーナツ）の軽食。(2)安サラリー、わずかな金。

coffee-and-cake layout (place, spot)（俗）☞儲からない会社（店）。

coffee-and-cake joint（米俗）☞安サラリーの仕事。

coffee-and-cake-time☞（金がなくなって）ひと稼ぎしなければならない時期。

coffee table book☞大型豪華本。

cup of coffee☞一杯のコーヒー。（米俗）短い滞在（在籍）。第二次世界大戦まではジャワ（java）が高級コーヒーの大量生産地として広く知られていたことからコーヒーの代名詞として使われるようになった。いわゆる「ジャワコーヒー」という意味ではなく、くだけた言い方としてインスタントでないコーヒーを指す。"Let's have a cup of hot java."「温かいコーヒーでも飲もう」。また大文字でJavaとも書く。

wake up and smell the coffee.（米）☞目を覚まして現実に目を向けよ。

3 | Juice ——ジュース

① ジュース ② (米俗) ガソリン、電気 ③ (証券俗) オレンジジュースの先物取引 (市場)

> **He could not wake up in the morning because he was on the juice last night.**
> 昨晩、深酒をしたので今朝彼は起きることができなかった。

📖 決まり文句・イディオム表現 📖

on the juice (米俗)：深酒して

stew in one's own juice：自業自得で苦しむ

"Let Steve stew in his own juice for a while."

「しばらくの間、スティーブは勝手に苦しむがいいよ」

この表現は話し手に「ほら見たことか」「やっぱり言わんこっちゃない」「いいきみだ」という意地悪な感情があるときに使うことが多いです。この場合のjuiceは体内から出る「分泌液」を指します。= fry in one's own grease 「自分の脂肪でフライにされる」も同義。

step on the juice = step on the gas：アクセルを踏む、スピードを出す、急ぐ

juice up：活気づける、おもしろくする

カルチャーノート

「Juice（ジュース）」といって最初に思い浮かべるのは、果物や野菜を使った生ジュースではないでしょうか。欧米の朝食には、eye opener として欠かせません。朝の一杯のジュースは、体内の酵素を最大限働かせ、体と脳に栄養素を送る供給源となり、元気な一日のはじまりを約束してくれます。毎日続けて飲むことが、老化を防止したり病気になるリスクを減らして、健康でエネルギッシュな毎日を過ごす一助になります。

クッキングメモ

ジュースは、最高のビタミン補給源で、その栄養効果はさまざまです。イチゴとキウイのジュースはビタミンCが豊富なので肌荒れに効果的、メロンジュースは利尿作用を高めてくれます。また、疲れを感じている時はブドウジュースがおすすめ。クランベリージュースは尿路感染や膀胱炎、腎臓結石の予防効果があります。生ジュースにするには、なるべくオーガニック（有機栽培）で、新鮮なものを選んでください。消化に負担をかけずに即効性のエネルギーを確保するには、生ジュースが最適です。

concentrated juice　濃縮ジュース

関連表現

cow juice ☞ 牛乳。子供っぽい表現だが、大人がふざけて使うこともある。

juicy ☞ 汁の多い、興味深い。

sky juice ☞ 雨、水。"Take an umbrella. You may get a little sky juice in San Francisco."「傘を持っていったほうがいいよ。サンフランシスコではちょっと雨が降りそうだよ」

juice and beans (米俗) ☞ (睡眠薬とともに採る) 麻薬性せき止めシロップ。

juice and cookies ☞ おきまりの朝食。

"We're running out of juice."「ガソリンが切れかけている」

juice loan (俗) ☞ 高利貸しの貸付金。

juice man (俗) ☞ 高利貸し、取り立て人。

◆ ジュースに関する諺・名言・名句 ◆

The orange that is squeezed too hard yields a bitter juice.《オレンジをあまり強く絞ると苦いジュースができる。過ぎたるは及ばざるが如し》

4 | Soup ― スープ

① スープ

> **A good teacher will not teach from soup to nuts.**
> よい教師は何から何まで教えたりはしない。

📖 決まり文句・イディオム表現 📖

from soup to nuts（米話）：初めから終わりまで（スープからデザートまで）、一切合切

Soup's on !：「食事の用意ができたよ」という意味の決まり文句。スープのあるなしにかかわらず使われる。"Soup's ready"とは言わない。

in the soup（話）：困って、(新聞用語) 身動きができなくなって

"As she lost her passport, she was in the soup."
「彼女はパスポートを失くしてしまったので、途方にくれた」

―――― カルチャーノート ――――

soup（スープ）は英語、potage（ポタージュ）はフランス語で、同じ意味です。日本では、長年付き合うと「同じ釜の飯を食べた」と言い、フランスには「同じ鉢からスープを食べた」という言葉があります。

🍳 クッキングメモ

現存するスープの中でもっとも古いと言われているのがブイヤベースですが、これは"ごった煮"からきています。ビタミン、ミネラル、食物繊維等が不足がちの現代人にとって、スープは、野菜や豆などをたっぷり摂れる、生活習慣病予防の強い味方になる一品です。

■ **clear French soup**　コンソメ（consomme、フランス語）
■ **creamy French soup**　ポタージュ（potage、フランス語）

◆◆◆関連表現

be duck soup ☞ お茶の子さいさい。

"The final exam was duck soup."

「期末試験はお茶の子さいさいだったよ」

a mess of pottage ☞ 犠牲の大きすぎる小利。

sell somthing for a mess of pottage ☞ ばかばかしい値段で売る、目先の利益のために大事なものを失う。

soup and fish（米口語）☞（男性用の）正式ディナー服（正式なディナーではスープや魚料理が出されることから）。

soup up（話）☞ 馬力（性能）を上げる、パワーアップのために自動車やオートバイのエンジンを改良する。（俗）おもしろくする、刺激的にする。

"We will launch the souped-up new model soon."「わが社は間もなく性能アップした新しいモデルを発売する予定です」

5 | Tea —紅茶

① 紅茶 ② お茶一杯（a cup of tea）

Teaching English for beginners is not my cup of tea.
初心者に英語を教えることは自分の柄ではありません。

📖 決まり文句・イディオム表現 📖

not one's cup of tea：好みではない、性に合わない
cappaは、"a cup of" の省略形で、カッパと発音します。cupのpはほとんど聞き取れないくらいの弱い音になります。

"Jazz music is not my cup of tea."
「ジャズはあまり好きじゃないんだ」

another cup of tea：（それとは）まったく別の（似て非なる）こと（人、モノ）

Not for all the tea in China：どんな報酬をもらっても～ない（通例wouldの後に用いる）

"I wouldn't do it for all the tea in China."
「どんなに好条件を提供されてもそれをするつもりはありません」

a storm in a teacup：コップの中の嵐、空騒ぎ

"The rumor caused a panic, but finally we realized it was a storm in a teacup"「その噂でパニックになったが、結局は空騒ぎであることがわかった」

tea break：休暇時間
take tea with（英俗）：～と交際する（associate with）

カルチャーノート

　Teaという言葉は、シチュエーションによってその表現する対象が異なります。たとえば米国のカフェで「tea please」と注文したところ、「what kind of tea ?」と聞かれたことはありませんか。その人の頭の中にある「tea」(たとえば紅茶)が、相手にとっても「紅茶」であるとは限りません。日本発着の国際線では「Japanese tea」(「Green tea」)または「Black tea」(「English tea」)(最近ではOolong teaが選べる航空会社も多いですね)と、お茶の種類を明確にして注文を聞くキャビンクルーの声を聞きます。チャ、チャイ、ティーと、言葉やお茶の種類は変わりますが、その国々の文化や歴史が育んだ「お茶」が存在するのです。

クッキングメモ

　英国人の生活スタイルといえばアフタヌーンティー。湯をティーポットに注ぎ、"one for you, one for me, one for tea pot"と、ゆったりとした時間の流れを感じさせる言葉です。お茶は、その種類はまちまちですが、多くの人々に心の安らぎと憩いの時間を与え続けてきた飲み物です。緑茶に含まれる「カテキン」や紅茶に含まれる「紅茶ポリフェノール」が、実際に疲れたカラダを癒すことも証明されています。より充実したお茶の時間のために「お茶うけ」を考えたり、自ら作ったりするのも楽しいでしょう。お茶を飲んで健康に、お茶を飲む時間を大切にしてリラックスを、どちらも大切なお茶の「効用」です。

◆◆◆関連表現

tea and crumpets ☞ 菓子や軽食が提供される茶話会。
tea and sympathy ☞ お茶と同情（困っている人に対する親切（いたわり）。

6 | Wine ─ワイン

① ワイン ② 元気にするもの

He tried to put "efficiency" into the public office, but it was like putting new wine into old bottles.
彼は無謀にも効率性をその役所に導入しようとした。

📖 決まり文句・イディオム表現 📖

Don't put new wine into old bottles.[Bible:Matthew9-17]：新しいぶどう酒を古い革袋へ入れるな［聖書：マタイ伝 9－17］= We can't put new wine in old bottles.
新しい考えを、それを受け入れることができない古い枠組みに入れても無駄という意味。

look on the wine when it is red：大酒を飲む、酒に浸る
over the walnuts and wine：（食後に）クルミを食べワインを飲みながら、デザートで
take wine with ~：~と健康を祝して乾杯をする
wine and dine：食べかつ飲む、（人を）気前よくもてなす

─── カルチャーノート ───

ワインの出生証明書ともいえるラベルは、どんな素性のワインなのかを知る最初の方法です。ちなみにフランスでは、1935年にAOC（Appellation d'Origine Controlee）という法律が制定され、その厳しい基準をクリアして試飲による官能検査に合格したワインだけが、そのAOCを名乗ることができます。ワインを選ぶ際は、ぜひチェックしてみてください。

🍳 クッキングメモ

欧米諸国では、ワインに果物やハーブ類を入れ温めて飲む習慣があります。冬の代表的な飲み物で、フランスでは"ヴァン・ショー"、ドイツやオーストリアでは"グリューワイン"と呼ばれ、身体を温めるのに最適です。特に風邪をひいたときなどに効果があると言われています。砂糖やハチミツを加えると飲みやすくなります。

関連表現

wine, women, and song ☞ 酒と女と歌。

◆ ワインに関する諺・名言・名句 ◆

Good wine makes [engenders] good blood.《酒は百薬の長》

Good wine needs no bush.《良酒には看板は要らぬ》
bush は酒場などの看板としてぶら下げるセイヨウキヅタの枝の束で、一般に酒場の看板。この諺は、「美人は言わねど隠れなし」とほぼ同義。

In wine, there is truth.《ワインに真実あり》(人は酔うと秘密にしていたことも思わずしゃべるものだ) = Wine in, truth out。

Old friends and old wine are best.《友と酒は古いほどいい》

The sweetest wine makes the sharpest (or tartest) vinegar.《一番おいしいワインが一番すっぱい酢になる》= From the sweetest wine, the tartest vinegar.

Wine in the bottle does not quench thirst.《絵に描いた餅》(瓶の中のワインでは渇きは癒されない)

Chapter 8

調味料で知る英語表現

1 | Honey ── 蜂蜜

① ハチミツ ② 恋人、夫婦同士の呼びかけの言葉

> **The honeymoon is over.**
> 蜜月期間は終わった。

📖 決まり文句・イディオム表現 📖

The honeymoon is over.：蜜月期間は終わった。お楽しみはおしまいだ（これから本腰を入れて何かをするときの言葉）。最初の数週間が過ぎたあと、冷静になって現実を考えると浮かれたことばかりは言っていられない、というニュアンス。新しい政権や国家同士の関係、着任したての人気者の真価がいよいよ問われるときによく使われます。

Give me a kiss, honey.：キスしてくれる、ねえ

My honey!：ねえきみ、あなた（通例、恋人、妻など愛する人への呼びかけ）

―――― カルチャーノート ――――

ハチミツの成分は花の種類にかかわらずほぼ一定で、79.7％が糖分、20.0％が水分、0.3％がその他の要素です。体内に入るとすぐに吸収されるので、夏バテや疲労回復に効果を発揮します。日本では色が薄く香りが穏やかな、レンゲ・ニセアカシア・ミカンなどが好まれ、ヨーロッパでは反対に色が濃く香りも強い、クリ・ユーカリ・シナノキなど好まれます。

🍳 クッキングメモ

ハチミツはとてもデリケートです。電子レンジでの加熱や、温度によって微妙に味が変わってしまいます。保存は、密閉容器で冷暗所に。また、純度100％のハチミツには防腐作用があるので、果物などを使った保存食に良く使われます。

◆◆◆ 関連表現

a land of milk and honey ☞ 神がイスラエルの民に与えた豊饒の地、約束の地、すごく肥沃な土地。

bees and honey（英俗）☞ お金（moneyの押韻俗語、bees' n'honeyともいう）。

honey comb ☞ ミツバチの巣。

honeyed ☞ お世辞の、甘くした。

honeymoon salad ☞ 塩をふりかけたレタスをいう。lettuce(Let us) alone without dressing という洒落から。

milk and honey ☞ 豊かな生活のかて。

◆ ハチミツに関する諺・名言・名句 ◆

Honey catches more flies than vinegar.《酢よりハチミツを使うほうがたくさんの蝿がつかまる》= You can catch more flies with honey than with vinegar.
人を説得したり服従させたりするには、厳しい態度より柔らかい態度の方が有効であることが多いことを例えている。

Make yourself all honey and the flies will devour you.《自分をハチミツにすれば、蝿の餌食になる》

Where bees are, there is honey.《ハチミツのいるところに蜜あり》原因のない結果はない。

2 | Mustard ― からし

① からし ② 熱意を与えるもの、熱意ある人

> **The new secretary is as keen as mustard.**
> 新しい秘書はすごく飲み込みが早い。

📖 決まり文句・イディオム表現 📖

as keen as mustard：非常に熱心な、とても飲み込みが早い

cut the mustard：要求基準に達する、期待にそう、成功する

"Your reseach report doesn't cut the mustard."
「君の調査報告書はまだ不十分だ」

―― カルチャーノート ――

有史以前からレバノン近辺で栽培され、その後、エジプトや中国に伝わったと言われています。グルメの国ローマでは、マスタードをハチミツや酢でのばして肉や魚のソースにするなど古くから現在と同じような使い方をしていたといわれています。

🍳 クッキングメモ

和辛子はセイヨウカラシナの種子。すりつぶして水分を加えると強烈な香りと辛味が出ます。洋辛子は黒辛子・白辛子の種子。酢や甘味を加えてペースト状に加工します。肉や魚料理、ドレッシングの他に、ピクルスやマリネなどには、粒のまま風味付けに使用します。

■ **hot mustard**　辛いからし

3 | Pepper — コショウ

① コショウ ② 人に（弾丸・非難などを）浴びせる

> **The politician was peppered with questions at the public hearing.**
> その政治家は公聴会で質問攻めにあった。

📖 決まり文句・イディオム表現 📖

be peppered with shot：（弾丸などを）浴びせる
pepper gas：催涙ガス
pepper（動詞）：ふりかける、散りばめる

"The report was peppered with statistics."
「その報告書には統計が盛んにでてきた」

カルチャーノート

コショウは、熱帯性の常緑ツル植物です。ブドウの房のように果実がなります。黒、白、緑、ピンクなどのコショウがありますが、どれも同じ実を時期をかえて収穫したもの。一般に使われる粒コショウは果実を乾燥させたものです。

🍳 クッキングメモ

コショウの香りは損なわれやすいので、熱の近くに置くのは禁物で、冷蔵庫に保存するのがベストです。香りが大事なので食べる直前にそのつどミルで挽いて使うことをおすすめします。

■ **put (sprinkle) a dash of pepper on the stew**
シチューにコショウを一振りする
■ **Pepper bites the tongue.** コショウは舌にぴりりとくる
■ **a hint of pepper** 少量のコショウ
■ **Don't shake too much pepper on the steak.** ステーキにコショウをかけすぎるな。

◆◆◆関連表現

pepper and salt ☞ 霜降りの服地。

pepper and salt hair ☞ 白髪交じりの髪の毛。

pepper-corn rent ☞ 中世に地代の代わりに納めた干しこしょうの実、(一般に) 名目地代、名目家賃。

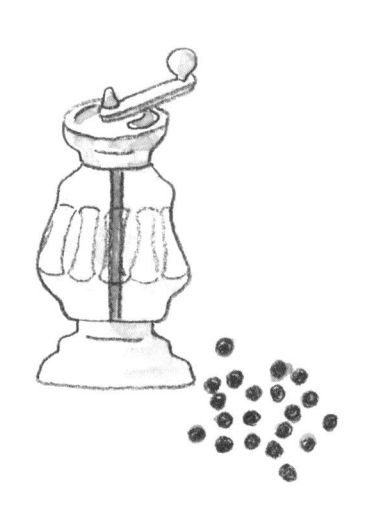

4 | Salt ─ 塩

① しお

You should take what she told you with a grain of salt.
彼女のいったことを額面どおり受けとめてはいけない。

📖 決まり文句・イディオム表現 📖

take something with a grain (pinch) of salt：割り引きして（懐疑的に）受け取る

the salt of the earth：地の塩（社会の指導者、世人の鑑、健全分子

like a dose of salts：すばやく、あっという間に

"The Prime Minister left the party like a dose of salts."
「首相は、あっという間に、パーティー会場から立ち去った」

カルチャーノート

わが国では、1997年に専売塩の制度が廃止され、塩の製造販売が事実上自由化されました。塩の摂り過ぎは高血圧を招き、動脈硬化、脳卒中、腎臓病のもと。塩の摂取量は、1日10グラム未満が望ましいとされています。

🍳 クッキングメモ

加熱調理等に先立って素材に塩をふる事を"ふり塩"と言います。余分な水分が抜けて旨みが凝縮され、生臭も取れ、歯ごたえが良くなります。ちなみに、ぬるま湯に粗塩を入

れた"足湯"に10分ほど足をつけるとむくみや疲れがとれます。

■**salted pickles**　漬け物

◆◆◆関連表現

above (below) the salt ☞ 上座（下座）に（食卓中央の塩入れで主従の席を分けた昔の慣習から）。

an old salt ☞ 古株の船乗り。

earn one's salt ☞ 熱心に働く。

eat a person's salt ☞（人の）世話になる、歓待を受け入れる。

put salt on someone's tail ☞ 他人を見つける（造作なくつかまえる）。鳥を捕まえるには尾っぽに一つまみの塩をつけよと戯れに子供に教えることから。

rub salt in (into) the (a) person's wound(s) ☞ 人の気持ちをさらに悪化させる。

salt away ☞ 密かに貯える（特にお金）。

spill salt ☞ 塩をこぼす（不幸の前触れとされている）。

worth one's salt（話）☞ 給料だけの働きがある。昔、給料として労働の代価として塩で支払っていたことからくる。

"Most employees in any company are hardly worth their salt."
「会社員のほとんどは給料に見合うだけの働きをしていない」

5 | Sauce —ソース

① ソース ② 生意気なことを言う

> **Don't give me any of your sauce!**
> 私に対してよくもそんな生意気な口をきけるな。

📖 決まり文句・イディオム表現 📖

None of your sauce!:「生意気言うな！」（親・教師が子供や生徒をたしなめる言葉）
have the sauce to talk back：厚かましくも口答えする
sauce box（口）：生意気な青二才、こまっしゃくれた子供
serve someone with the same sauce：（人）を同じ目にあわせる、人にしっぺ返しをする
hit the sauce：大酒を飲む
on the sauce：酔っ払って

―― カルチャーノート ――

ソースの語源はラテン語の"塩"を意味する"sal"。これは給料を意味する"salary"の語源でもあり、大昔、労働報酬は塩で支払われていたと言われています。ソースは、この塩を使用して作られた液体調味料を指しますが、日本でソースといえばウスターソース。これはイギリス中央部ウスターシャー地方に住む主婦が、あまった野菜を塩・酢・スパイス類と一緒に壺に入れておいたところ、これが熟成して偶然にもウスターソースが誕生したという説があります。

🍳 クッキングメモ

> 空いている時間にソースを作っておくと、日々のお料理がとても楽になります。ボイルしただけの野菜や、焼いただけの肉や魚のようなシンプルなレシピでも、それにソースをかけるだけで贅沢な一品になります。ハーブやスパイス、チーズやビネガーなどを使って、それぞれに合うオリジナルソース考えてみてはいかがでしょう。そのソースからさらに新しいレシピが生まれるかもしれません。

◆ ソースに関する諺・名言・名句 ◆

A good appetite is the best sauce.《空腹にまずいものなし》

Hunger is the best sauce.《空腹にまずいものなし》

What's sauce for the (or a) goose is sauce for the (or a) gander.《メスガチョウのソースはオスガチョウのソースにもなる》(あることに当てはまるものは他のことにも当てはまる)(男女に差はない)

6 | Sugar — 砂糖

① 砂糖 ② (俗) 賄賂、袖の下 ③ 買収する

Satoko tried to sugarcoat unpleasant facts for me.
智子は辛い事実をオブラートに包もうとした。

📖 決まり文句・イディオム表現 📖

sugarcoat：うわべを飾る、体裁をよくする
日本語では「オブラートに包む」と表現しますが、英語では「砂糖で包んだ」と言います。

カルチャーノート

砂糖は大きく4つに分類されます。日本で使われる砂糖の約半分は「上白糖」、上白糖より精製度がやや低く、薄い黄色なのが「中白糖」、中白糖よりさらに精製度が低く、薄い茶褐色で煮物によく合う「三温糖」。そして、サトウキビのしぼり汁を精製しないでそのまま煮詰めたものが糖度が低く甘味が強い「黒砂糖」です。

📷 クッキングメモ

砂糖は親水性が高いので、水になじみやすく、素材に早く水分を染み込ませたいときに便利です。例えば、ぬるま湯に砂糖を少し加えると、干しシイタケを早く戻すことができます。また保水性にも優れており、寿司飯に砂糖を加えると乾燥しにくくなります。

sugar candy (英) 氷砂糖 (米：rock candy)

■**sugar cube**　角砂糖

■**sugar less**　無糖の（=sugar-free）

◆◆◆関連表現

be neither sugar nor salt = not to be made of sugar or salt ☞張り子ではない、濡れても大丈夫である（溶けない）。

Oh, sugar! ☞しまった、くそっ（Oh, my shit!の婉曲表現のひとつ）。

soothing syrup ☞気休めの言葉。

sugar and spice ☞人なつっこい（やさしい）人。

sugar and spice and everything else ☞砂糖と香辛料とすてきなものすべて。

Sugar Bowl ☞シュガーボウル（1月1日にニューオリンズで開催されるアメフトの試合）。

sugar cane ☞〔集合的に〕サトウキビ。

sugarcoat (sweeten) the pill=sugar the pill ☞いやなものをうまそう(魅力的)に見せる、不愉快を和らげる。

sugar daddy ☞パトロン、おじ様（若い女性に金品を与え、親密な関係になろうとする中年男性）。

"Recently, she's gotten many nice bags and accessories. She might have a sugar daddy."

「最近彼女は素敵なバッグやアクセサリーをいっぱい持ってるよ。ひょっとすると、援交してるんじゃないかなァ」

sugar of milk ☞乳糖（lactose）。

7 | Vinegar —酢

① 酢 ② 不機嫌、(米話) 活気

> **The old professor was very vinegary, so every student didn't approach him.**
> その年輩の政治家はとても気難しかったので、学生は近づこうとはしなかった。

📖 決まり文句・イディオム表現 📖

vinegary：酢の、酸っぱい、意地の悪い、気難しい
full of piss and vinegar：元気いっぱいである

"The new graduate is working with full of piss and vinegar."
「その新卒者は元気一杯で仕事をしている」

―――― カルチャーノート ――――

塩に次ぐ古い調味料といわれる酢は、酒の製法とともに今からおよそ1600年ほど前に、中国から日本に伝えられました。「酢」という漢字はお酒のカメを表す象形文字の「酉」と、スッパイ事をあらわす窄める（すぼめる＝乍）が組み合わされてできています。フランスのワインビネガーやイギリスとドイツのモルトビネガーなどのように、世界各地でその土地の代表的なお酒から独自の酢が作られているのです。

🍳 クッキングメモ

酢は、料理に欠かせない調味料の一つです。たとえば、酢でおにぎりをにぎると傷みにくくなることは良く知られています。また、魚の生臭さを消して、その保存性を高めてくれたりします。その他にも、ゴボウやレンコンをより白く仕上げたり、里芋や貝類などの素材のヌメリを取ってくれるなどその働きはさまざまです。酢の主成分であるクエン酸には、体内や筋肉に蓄積された疲労物質を減らす働きがあります。吸収もよいので、疲労回復に効果的です。酢は、そのままでも加熱しても成分的に大きな変化はありません。

◆◆◆関連表現

oil and vinegar (water) ☞油と酢（水）のように合わないもの（人）。

【参考文献】

■辞　書

『アメリカ口語辞典』朝日出版社

『研究社ビジネス英和辞典』簗田長世編著、研究社

『ジーニアス英和大辞典』大修館書店

『ジーニアス和英辞典』大修館書店

『オックスフォード新英英辞典』

『The Penguin Dictionary of English Idioms』

『The Cassell Dictionary of English Idioms』

■書　籍

「語源で覚える最頻出イディオム」マーヴィン・ターバン著、講談社インターナショナル

「その英語使えません！」マーク・レッド・ベター著、小学館文庫

「和英辞典も知らない英単語スピーキング」松本道弘、KKベストセラーズ

「食の世界地図」21世紀研究会（編集）、文藝春秋

「野菜のソムリエ」日本ベジタブル＆フルーツマイスター協会、小学館

「花図鑑　野菜」草土出版

「新ビジュアル　食品成分表」大修館書店

インターネット

「『英→日』対照・名言ことわざ辞典 アルク」

http://www.ok312.com/e2j/index.htm

「英語のことわざ教訓事典」安藤邦男著

http://www2.starcat.ne.jp/~kuniando/

【著者紹介】

鶴岡公幸（つるおか・ともゆき）

✦宮城大学食産業学部助教授。キッコーマン㈱、㈶国際ビジネスコミュニケーション協会、KPMGあずさ監査法人勤務を経て2005年4月より現職。
✦1996年、ロータリー財団国際親善奨学生として米国インディアナ大学経営大学院に留学。1998年、同校よりMBA（経営学修士）取得。
✦著書：『Hi! Hello! ではじめよう! ビジネス英語ゼミ』（三修社刊）、『電車で覚える頻出ビジネス英単語』、『電車で覚えるビジネス頻出英熟語』（日本経済新聞社刊）他多数。
✦執筆担当：主に「決まり文句・イディオム表現」、「関連表現」。

牛原琴愛（うしはら・ことえ）

✦料理研究家。料理好きの母親の影響で、子供の頃より「キッチンでお手伝い」の日々を過ごす。15歳から料理を始め、オリジナルレシピに挑戦。結婚後、家族の健康維持を目標に、野菜を中心とした料理のレシピ作りを始める。2004年、日本ベジタブル＆フルーツマイスター協会・ジュニアマイスターの資格を取得。現在、料理研究家、野菜ソムリエとして、料理教室の開催やさまざまなメディアを通じて情報発信中。
✦http://www.dd.e-mansion.com/~fotografia/index.html
✦執筆担当：主に「カルチャーノート」、「クッキングメモ」。

【監修者紹介】

ギャリー・マームグレン（Gary Malmgrem）

✦Gary Malmgren was born and educated in Melbourne, Australia. He graduated in Engineering from Royal Melbourne Institute of Technology (R.M.I.T). Melbourne is a city famous for its marvelous variety of food. He ate a lot, talked a lot and gained weight there. He traveled to many countries, especially in Asia. Now he lives and eats in Japan. He has been in Japan for 20 years and is teaching English at Miyagi Agricultural College and Miyagi University. He weights 75 kilograms.